Z-O-M-B-I-E-S 2
Puzzle Book

WORD SEARCH PUZZLES
MISSING VOWELS
WORD SCRAMBLES
TRIVIA QUESTIONS

We would like to thank you from the bottom of our hearts for your decision to go for our book. Your support is what makes us strive harder to turn our creativity into something that you can actually enjoy. Please feel free to give us your review so we can do even better in the future.

by Alex Reed

Table of Contents

Introduction

Zombies are the popular trope of modern-day horror genre, but what if these undead were depicted to be ordinary teenagers with ordinary teenage issues? That's exactly what Disney did when they introduced Zombies, their original movie, and its sequel Zombies 2 a couple of years later. The sequel in particular has seen surprisingly better reception than the first one and it is holding a 100% approval rating on Rotten Tomatoes. With our puzzle book containing a decent amount of puzzles and trivia, you will be able to relive the best moments of Zombies 2 and maybe become better informed for a possible third entry.

Rules

Word Search

Your objective is to highlight or circle the hidden words in the grid above and cross them off the bottom list. The alphabetic order of the words is forward or backward and the words themselves are arranged either vertically, horizontally or even diagonally. Words can also overlap and share letters.

Missing Vowels

The words in the puzzles below are missing vowels. Fill them correctly and learn more about the movie.

Word Scrambles

The letters of the words in the puzzles below are not in order. Your objective is to re-arrange them correctly.

Trivia Questions

If the puzzles above are not challenging enough for you, these 50 trivia questions will be. Think you can answer all of them perfectly?

Word Search Puzzles

Puzzle 1: Who are the main characters of Zombies 2?

```
W Q J T C J M X A A N M D O U Z B W G C J D R
E I N F W O W Y N T E R B A R K O W I T Z L D
Y A J B S Q L F Z K S Y S S T A C E Y P M G P
W J K J C J V Q O G H R G G K E S T L N Z R Z
D G Z W P C B P E K E B T Z Z G Q P D W X R F
M R X U S R O L Y V A C S Z E W Q T Y I X F W
C E P P G M N L N K H J E A D B J B T L A O N
X S U B T B Z Y E F G H R V N P W U L M S A
X M P I D R O G C H K Y D R E W L C A P J P
O O U Y Q E J Z R B R E E V C M D K C L O H D
C Q N Y E L J B O W Q K B P R P N Y E Y O F Q
V H Y P Q I Z O D U I F J Q O P B B Y K N M A
A N F I O Z K J O L G I G K D H N U J E T N R
B N X V Y A T W P W L R B G O K D C M N G A K
I H Q Q V Z I T O S E I T I P H S H L S R M P
O H I G S A R Q L K Q W S G O K N A A E F C E
S T N Y Y M O S I D F R Q C L Q S N M N L G F
F K M H U B C C S P C K M C I E X A Z S G C J
B M Q D S J I N N A V R F T S W I N V C U K K
L V B T D G C K J C A H L A C E Y C E P N P F
N U M P B H M D L H Z T N D Q N U Z P N K X L
W M J K Z U W Y A T T L Y K E N S E N L I O P
R B T W C D J K E A D D I S O N W E L L S K M
```

Zed Necrodopolis   Lacey
Addison Wells   Stacey
Bucky Buchanan   Jacey
Eliza Zambi   Wyatt Lykensen
Bree   Willa Lykensen
Bonzo   Wynter Barkowitz
Zoey Necrodopolis

Puzzle 2: Can you name the main cast of the movie?

```
Y X X T Y A D R T V K R Z D R A C A G C G P M H
Y T R E V O R T O R D J M A N C C R Y D H U W C
Y R W J X T W V D S H D Z L M B P V F Y I O W X
X P E O P B A F O D S U E J W A O Z J Q E M Z H
X D B O D T X H N G U N D U D M W K X Y Q G V L
M Y A R I E L M A R T I N Q G T C U R L J F P S
E X V E U E G K Z O Z W O C S S W G U X O K Q M
G J H S Z G T S E M I L I A M C C A R T H Y A H
D Z L Z P R K I Y Q N Z E O B M S U O A Z U I I
O X K X J G Z V X J P F R S Q Y M C K I N K Q B
N S W N A W S R Y T I L Q P D C C A Z H Y V V
N R J O C A R L A J E F F E R Y V O E L T L G Q
E P L A P O J U N Q W E J M I L O M A N H E I M
L I X H E U Q S Z O U V S H J E W C O G X E B W
L N F Z A A Q D R G X D T L U P M O Y S X R F J
Y D W U R I Q B F C H E J G Q N L M V T N U B N
P W R L C N B I K X T B V W B U H L O Q S V B
A A X F E X K E Z Z B G H R H V O I H N L S E E
Y Q A I I C H A N D L E R K I N N E Y F U E Q B
Y X I K O I U Q P H S L R B N V A L S O K L T X
U D I A Z V N C R H C I E A E J Q W U S X L J C
E W H R A T N R Q L G S V L J J A X O T L L H P
R B J A M E S G O D F R E Y I I V E Y E U Z R A
C J A S M I N E R E N E T H O M A S B R Y U M E
```

Milo Manheim
Meg Donnelly
Trevor Tordjman
Kylee Russell
Carla Jeffery
James Godfrey
Kingston Foster

Emilia McCarthy
Jasmine Renée Thomas
Noah Zulfikar
Pearce Joza
Chandler Kinney
Ariel Martin

Puzzle 3: Can you name the songs featured in Zombies 2?

```
N U F D P X D Q D O N N V F I X L K S N T S V X G O M Q
S M F Y E U G O O T X X P K P I G Q Q V O P S O I P W R
B C G C M D B S K T I B V I C J B J W Y G B G J G K M Z
B E Z P D C L W U A Y R C F A I P T J V V V R F J T P Y
Y K B Q L X Q J W F Y W U V L D Y F O A O M C S D Z T S
H R S B A N Y A S G O A S K L T Z Z I C D B E H W U O K
C Z S G Q V L G O W L I K E T H E Z O M B I E S D O K K
G B Q O K O Y S B J C H Q O O A R Z O P H Y H Q V C Z Q
T I V T W F L E S H B O N E T B W U C R M F M G R Q Q T
Y C D T I K V C J I R M N S H U B T Y W E K A D M Z C Q
S G Y A G O F A R E B Z S X E O A L P E T W P E Q X D G
V Q H F U P S I Q G Z M I O W Y J C I G E P L F L F D T
M R U I L Y V X G J Q L A F I M Q J M O F T Z I I Z V J
Y K E N X N W Y Z F T A G K L J A E W T D I R O A H N O
X N W D E W W L T E H T I R D J N B I T Q N N A H Z E L
D A P W M U E V G T E R G G K N K C N H W M I E T G B M
X T F H W T O I M R N F B V S M V C N I X B X N C R X T
C L L E X C W L A Z E Y U Y W S I F I S F D C J Y X W H
S A Y R F L N W Q K W R Q W Z L E X N B P Y G B L C N S
S E V E A J T S F Q K X G D G T U J G F I B T D S B Z O
E D L I K F H G W D I G A S L M V V H W M F V V O A B M
U U C B Y D E A F Z D I Q S I H U E C E U P U R M H V X
E F Q E I W N T I D I T E V N L L I G J X N Y D E K O A
A A O L W U I X Y K N R K G N T N L Y W I O J D D U A Y
X O M O V D G X R N T J I J E V L U U C B H J Y A H F H
T K G N M J H T C M O T H H M J Q D K Z F G A P Y Q K Y
P G A G L Z T Y U G W E O N E F O R A L L T U J C V M R
D H S R U Z T S Z G N T U Y J F G D C T E F A O M O M
```

We Own the Night

One for All

Flesh & Bone

Call to the Wild

Like the Zombies Do

I'm Winning

We Got This

Gotta Find Where I Belong

The New Kid in Town

Someday

Puzzle 4: Can you name the crew that made this movie?

```
M A R Y P A N T E L I D I S N F X L K Z J
L Z T B G V Z E T U V A K A H E U R C G E
K L G E O R G E S C L I N T O N R U O Z G
X G G G Y K W H B H Q U B C F T E M X B Y
L D G O Z C G P N N C R I A U P R R Z G O
K A C B A J J X C B Z F S M H Y X L R X M
W N H I K R X V U R L H I I K P I C I S F
G N P J S D I T W P T U P T H Z G X N H D
T A Z K N O M J V L L W F M H B S E I C D
Y G Y X G T S Y H L H N D A Y X L V O S I
F E B B T N I Z Y Q P N A Y C R L V Y Z M
U R T K A D E F J K W K V C H N E G U H F
O B K E R O N Z O F U F I O P O G I O U L
B D N P J N G Q O U I G D H B G B I H C K
X V W N L I S A B I N K L E Y Z Z G K G H
Y V T J D Q X O M L J S I N J G G A B M B
E T L L F M J V M X B A G V E I U Z Z C Q
E W T P L L U C U R L V H C G I C Z D B G
L P J O S E P H R A S O T E H W K I C T F
C X A T D Y R U D O L F B L A H A C E K P
A P A U L H O E N F C D F J X B K M O N A
```

David Light   Mary Pantelidis
Joseph Raso   Anna Gerb
Paul Hoen   Rudolf Blahacek
George S. Clinton   Lisa Binkley
Amit May Cohen

Puzzle 5: Zed is the family-friendly version of a zombie. What does he look like?

```
T  K  F  C  M  S  U  G  H  E  Q  U  W  U  H  P
Y  Y  J  Z  P  O  M  G  Z  K  X  A  G  U  A  F
N  S  Y  I  A  T  H  L  E  T  I  C  L  F  N  C
O  C  G  T  A  L  L  H  G  A  R  A  E  V  D  Q
K  A  D  G  R  E  E  N  H  A  I  R  E  Z  S  U
N  R  M  Y  O  U  N  G  U  W  O  P  F  Z  O  A
R  Y  U  G  Z  P  H  Z  Q  W  T  Q  U  V  M  T
B  P  V  G  N  O  A  A  H  T  N  A  L  W  E  W
A  R  R  A  Y  A  B  V  G  T  E  B  X  I  Z  F
R  P  Y  C  H  V  S  S  C  Y  N  H  Q  R  D  R
Y  P  V  N  J  U  U  Z  M  S  M  E  W  K  J  J
X  K  C  H  A  R  M  I  N  G  U  R  N  L  M  L
Z  D  I  E  V  O  R  D  Q  K  C  A  S  U  A  L
L  E  G  M  U  F  H  P  A  L  E  D  A  M  O  C
L  O  N  D  E  K  K  E  U  U  I  U  F  D  Y  K
K  C  V  I  T  G  Z  E  D  D  A  M  U  G  E  Z
```

Tall   Casual
Handsome   Green hair
Pale   Young
Athletic   Scary
Charming   Gleeful

Puzzle 6: Addison is the main protagonist of the movie and also the love interest of Zed. What do you remember about her appearance?

```
Q  D  H  C  B  C  S  L  F  E  J  B  F  F  C  P  P
V  S  N  Q  I  E  P  R  S  S  H  O  R  T  T  S  N
P  T  I  K  X  P  B  L  U  E  E  Y  E  S  G  H  C
K  F  A  P  U  C  P  R  T  S  S  P  O  R  T  Y  V
L  I  T  Y  Q  S  R  I  M  V  Y  L  V  T  T  C  V
Y  J  H  E  F  L  E  A  H  B  O  V  A  H  M  T  A
X  W  L  Q  B  S  T  A  V  U  U  J  T  I  J  X  Y
E  Z  E  J  N  Z  T  W  A  N  N  Q  T  Z  C  Y  O
U  S  T  O  C  Q  Y  Z  A  P  G  K  R  E  C  X  S
G  Q  I  S  K  Z  W  H  I  T  E  H  A  I  R  O  T
K  N  C  L  D  J  O  I  I  A  E  V  C  M  H  N  R
H  J  O  O  R  E  J  S  X  Q  X  S  T  Y  D  E  O
H  L  R  H  N  L  T  K  X  I  U  A  I  H  A  Z  A
D  A  F  L  U  J  D  L  S  P  R  O  V  T  C  Q  M
O  K  T  H  S  T  G  P  P  O  W  H  E  Y  W  V  F
V  K  O  B  E  A  U  T  I  F  U  L  Z  D  V  I  C
U  F  I  T  C  U  Z  A  D  Y  V  G  Q  K  P  H  Y
```

Short   White hair
Athletic   Blue eyes
Sporty   Fit
Pretty   Young
Beautiful   Attractive

Puzzle 7: What can you say about the messages of the movie?

```
F  J  B  T  F  V  Z  K  F  O  X  F  E  C  P  V  J  G  I  A  L  S
B  A  P  R  X  D  I  V  E  R  S  I  T  Y  C  Y  L  M  P  X  S  J
K  M  I  N  C  L  U  S  I  O  N  K  O  C  E  L  G  V  S  G  A  T
V  U  C  J  Q  P  X  G  C  A  H  C  P  W  W  H  R  G  Z  F  M  I
Z  G  O  U  P  K  U  J  K  D  Y  X  T  D  M  I  U  H  T  Q  J  R
O  L  M  V  P  R  O  G  R  E  S  S  I  V  E  N  E  S  S  N  F  S
K  X  M  M  I  L  A  V  C  F  A  O  J  L  V  F  I  C  N  O  D  M
P  R  U  P  C  G  N  I  C  G  F  S  K  A  F  Q  N  Z  A  A  K  N
A  I  N  M  X  Z  J  L  O  V  E  O  W  T  A  U  V  P  M  B  K  D
X  D  I  H  T  X  D  V  Q  C  W  J  F  P  M  X  I  W  U  U  O  G
H  P  T  B  J  H  W  P  U  I  T  Z  B  H  I  M  Z  H  F  J  P  E
P  G  Y  M  Z  W  M  S  R  S  N  I  Q  V  L  Z  N  C  L  P  T  I
E  D  S  J  P  Q  S  S  J  C  S  F  I  O  Y  W  Z  W  R  I  I  D
P  J  P  D  Q  W  G  O  S  D  Z  U  N  I  T  Y  E  X  S  K  M  N
L  F  I  U  A  R  T  C  S  I  D  T  C  Q  I  Y  C  Q  W  R  I  L
J  A  R  P  Y  T  U  N  H  O  B  Q  T  W  W  A  F  P  P  D  S  J
Y  V  I  M  I  N  D  I  V  I  D  U  A  L  I  T  Y  W  G  Y  M  U
L  Y  T  W  C  X  Z  A  L  K  S  C  A  C  C  E  P  T  A  N  C  E
X  H  E  L  O  E  V  G  K  X  H  O  S  S  Z  W  V  X  H  V  B  E
Q  P  J  E  S  X  Q  O  R  T  A  K  U  G  I  F  Y  O  B  P  E  U
I  K  Y  I  A  C  N  C  L  J  S  N  C  H  O  W  E  Y  A  A  Z  V
L  C  K  D  A  R  B  O  S  W  S  U  Y  Y  T  I  Y  B  G  N  A  H
```

Acceptance

Love

Individuality

Inclusion

Diversity

Unity

Family

Optimism

Progressiveness

Community spirit

Puzzle 8: Can you name the settings that are featured in the movie?

```
J N Q W M K Z N J K W Q S E V S A V I W D O C L E
I Y P V Z I W C K V M S M Y M K C S R Y E I N A S
O B F O A U O R I V N M J F Y R U K U Z M H G S R
P B O P J O M A D D I S O N S R O O M Z O P C S U
N H R D E R M F P S Z A N I S A R O W A L D S C A
K Z B B I D C U V D R C I T Y H A L L W I J E H C
F E I P R A W N G R O U N D S L H W S D T P A O E
K K D R O M X B V X Y S O P R F Y P V N I O B O H
J K D I V Y Q J F H U D I N J D X C R G O J R L Y
M D E M P P I W L R U C Z U H G D U T S N M O B V
C J N K O S A P Y E E O F N O R W C T H S D O U O
H Y F U W C Q O X E U E D K A N C N U P I P K S B
E K O Y E H O Z T J N F M K A I M I P I T E H K G
E D R V R O N R S E N B C G Q B F D G U E V I S L
R P E Y P O L R V S L I J Z P F A H L Q C Z G D L
C K S L L L D Z O M B I E T O W N S X J A E H C S
A J T I A H R O Y E C H U W M V I C H A F B S V N
M T T Y N A W M Q P R Z X O T P L S H K N C C G I
P M Y O T L H C C W T S H L Q K N V Q Z I E H B G
U O V C Q L Q W R M D K F F S V A Y X R Y P O S Z
V V T H Y O Y P E N U T D D G E W W S I Y G O E X
N J Y Q C T H Y V D V H S E A B R O O K M E L P Q
D F Z F N Z F J H Z N H P N R U E V N Z P Y H X C
M L W N O L K K O V A G I G Q R F K G V B I O N E
T E T Y K Y I U M D Q G S E S U D L K Z R Y T F A
```

Seabrook
Seabrook High School
Zombietown
Cheer camp
School bus
Forbidden forest
City hall

Wolf den
Power plant
School hall
Demolition site
Prawn grounds
Addison's room

Puzzle 9: Do you remember the words said by Zed in the opening of the movie?

```
N L C N D U F N E R S I P J X O Z X F Z F H F I G
E P I C B A T T L E V W J B E B E C D K T T D Z N
B T N H S D R Z F R F O O B I E Z D U I V C Y O V
N X Q I F V H X J K L N D C I L D U J B T H S M U
S C L C P H N J K B M B I Z N O B R G U E M G B K
T Y D M H I X I A C H K S K D N Z I W P S I N I H
Y Q Z E B S Q V F I R I T H U G M S W F H X O E Z
E N E R G Y S O U R C E A E S I N S C U A Q W U U
V A Q P X B G S A C R R N A T N P T A J R L U M T
Q E B M Z M O Z C N I E T S R G Q Z T Y P V J V H
E S I D Y W G N H V I E M L I O T V X D C M R G M
Z B Y A O U X I Q L F K E J A C N X C T L V C U E
V M V C X S Y U M T O V M J L X X T Y G A Y J N O
Q X W U Z N M O N S T R O U S X J E V R W Q W L V
G N F T C I D M S E N W R O T B A K H D P H E W Y
D T O J O L Q T U T R I Y N R W E Q U L P X A O M
G K G K W H O I Q T B L S O E P A Y B I R G X U R
N F B E N P E G D L P D L K N G J B G I V R L A X
T E U G D E A H O E W B A R G E Q J L A K S R H Q
T O O W L T Q T J R A E U I T G B P X W G S J N U
Q F Q Q H R C K Z S S A X Y H B M J J X T X J Y X
B R L I V Q Y N G A K S L Q U K X T H Y J O N G V
Z G I G O Z J I A Y L T U K I U P U Q Y F T X I Y
I K J X V Q Y T V H S S I L L L Y N A P A X T D S
R J I V S I C S T D G C A C S I T H T B Z B P G N
```

Belonging

Tight-knit

Settlers

Wild beasts

Sharp claw

Epic battle

Monstrous

Energy source

Distant memory

Industrial strength

Zombie

Puzzle 10: Bucky is the cousin of Addison and he was the antagonist of the first movie. What does he look like?

```
I  M  G  K  P  F  J  X  S  X  R  I  B  U  N  M  R  G  S  N
F  X  G  F  U  C  P  Y  J  X  C  O  U  K  F  N  G  M  Y  D
G  R  E  E  N  C  L  O  T  H  I  N  G  U  P  L  T  W  D  N
A  H  X  H  A  K  K  O  E  R  W  I  X  E  E  K  A  N  W  A
E  G  S  S  Z  I  N  T  I  M  I  D  A  T  I  N  G  G  I  T
B  A  M  D  I  Q  Q  E  M  E  D  I  U  M  B  U  I  L  T  H
B  S  M  P  L  U  A  L  D  E  W  M  A  N  Z  G  C  Z  R  L
L  R  M  L  E  L  B  G  O  F  A  Y  K  E  D  O  P  V  S  E
W  J  L  B  X  H  C  H  E  E  R  F  U  L  M  O  U  W  Z  T
U  H  Z  D  B  M  O  D  Y  R  Y  H  H  D  Q  D  P  G  I  I
Y  B  K  R  D  P  I  H  Z  L  N  V  G  I  Y  L  X  Q  K  C
C  I  L  G  D  H  D  T  F  D  F  Z  Y  N  H  O  I  L  A  B
D  A  D  F  O  K  A  Q  W  X  B  G  D  T  V  O  H  A  J  P
A  T  F  S  V  S  H  O  R  T  T  O  D  E  A  K  Y  T  L  V
V  P  U  J  J  J  H  H  W  N  V  U  Y  N  X  I  A  S  O  E
P  I  J  A  L  S  P  O  R  T  Y  D  J  S  U  N  J  J  J  C
Q  P  R  A  A  H  J  Z  E  I  L  F  D  E  L  G  N  U  W  B
N  W  E  F  Q  I  S  V  W  B  J  I  W  I  R  M  C  Z  S  P
K  I  V  I  L  R  T  Y  X  D  O  X  F  I  T  X  L  G  A  X
V  Q  X  I  H  I  T  P  Z  D  W  P  O  O  T  D  I  N  O  R
```

Cheerful	Fit
Intense	Athletic
Short	Green clothing
Good-looking	Intimidating
Sporty	Medium-built

Puzzle 11: Do you anything about the device that the zombies have to wear?

```
I  T  J  V  T  I  B  U  A  D  W  D  X  J  J  M  Z  O  M  B  I  E
C  D  V  O  Q  N  S  N  K  L  Z  F  Q  J  M  F  H  D  F  I  F  Y
O  M  N  K  V  U  L  L  H  I  W  E  R  J  R  G  P  D  Z  K  A
N  E  Q  X  C  P  M  H  H  I  M  B  G  T  M  Z  D  S  Z  K  V  M
T  L  U  N  Q  A  X  A  Z  B  Q  H  N  J  Y  B  S  S  V  N  F  P
R  E  V  V  N  O  B  C  N  S  M  K  G  K  G  S  Z  C  X  B  M  F
O  C  G  L  O  Z  F  K  X  S  H  G  E  D  I  B  M  Q  F  E  C  P
L  T  X  U  P  F  W  E  D  E  P  D  P  U  L  S  E  S  S  B  U  A
D  R  K  B  H  C  F  D  Q  B  Z  M  R  W  L  C  W  Q  M  M  H  U
W  O  H  O  B  R  A  C  E  L  E  T  Y  V  B  I  S  Y  K  Z  M  D
B  M  Y  Q  F  Q  L  R  M  S  Y  W  B  F  J  S  E  B  F  B  D  D
A  A  O  U  T  X  X  L  E  M  P  F  G  X  V  R  R  E  B  A  N  A
Q  G  S  Z  J  C  T  X  L  A  S  B  J  X  X  V  N  U  K  N  V  J
G  N  A  C  X  Q  P  H  O  R  W  V  Y  C  O  S  R  G  J  D  G  H
B  E  P  J  H  S  W  K  Y  H  R  L  M  J  L  H  S  J  A  X  U  Q
X  T  C  V  D  M  J  D  F  P  I  E  O  F  K  D  I  H  I  O  G  Z
H  I  N  J  V  Z  N  D  V  O  S  C  N  P  Z  U  A  F  L  K  U  I
M  C  W  Z  B  F  I  X  F  H  T  J  I  S  O  F  Q  S  B  D  E  E
B  D  Y  T  V  Q  X  K  U  H  B  M  T  R  C  H  Z  E  R  N  T  H
N  K  V  V  I  H  Q  D  G  H  A  J  O  Q  W  V  V  N  E  R  Z  P
D  G  G  H  B  K  F  Z  X  M  N  U  R  H  W  D  Z  N  A  D  O  Z
B  P  E  U  H  Z  D  T  A  D  D  A  P  P  P  P  D  Q  D  K  T  J  F
```

Z-band	Bracelet
Wristband	Electromagnetic
Hacked	Pulses
Control	Zombie
Monitor	Jailbreak

Puzzle 12: So, what are zombies in Zombies 2?

```
E  S  H  P  I  J  Q  G  Z  E  S  Y  K  N  L  W  P  J  M  R
L  W  W  H  X  G  U  I  Z  E  V  N  T  A  K  T  D  L  S  X
L  O  I  L  Y  T  G  Y  C  H  L  T  M  B  P  S  S  J  T  I
W  K  N  Y  D  A  I  U  U  A  F  P  C  N  D  E  F  K  V  R
K  Z  A  M  Y  Z  B  R  A  I  N  E  A  T  I  N  G  V  O  X
H  B  M  U  N  D  E  A  D  Z  Z  M  T  X  Z  L  N  M  K  E
D  Z  K  Y  L  G  A  C  C  I  D  E  N  T  Q  R  V  G  H  I
M  P  T  F  T  K  N  E  O  M  Y  I  R  Q  Z  T  X  G  S  Q
N  P  A  J  G  W  O  R  D  T  Y  K  Y  S  P  K  D  C  N  G
I  G  U  Z  L  Q  F  E  W  W  O  P  D  Q  S  D  I  T  X  U
K  Z  E  I  M  G  A  A  B  K  K  S  Z  U  S  C  A  R  Y  B
X  B  L  L  U  R  M  N  N  L  C  K  M  K  R  A  L  M  Q  H
Y  Z  M  N  I  E  U  I  R  X  U  G  U  Q  A  E  N  L  P  Z
G  I  N  T  G  E  D  M  J  I  W  J  T  O  S  T  R  O  N  G
U  L  A  C  X  N  B  A  F  S  U  O  A  H  F  A  S  T  C  V
E  T  A  U  G  H  K  T  O  C  M  L  T  M  B  A  P  P  O  L
R  D  P  U  M  A  W  I  V  O  Q  O  I  F  J  B  P  D  Y  W
Q  Z  N  M  W  Z  A  O  I  X  P  N  O  D  F  T  K  S  K  A
L  I  U  Z  N  E  D  N  Z  W  K  J  N  W  C  O  R  P  S  E
H  B  D  I  S  C  R  I  M  I  N  A  T  E  D  T  W  D  F  M
```

Undead	Green haze
Reanimation	Mutation
Corpse	Fast
Brain-eating	Strong
Scary	Discriminated
Accident	

Puzzle 13: Werewolves are first introduced in Zombies 2. What are they like?

```
N L H T W C T Y K N K D V T J I W D
A Z I V G B L Y C A N T H R O P E I
X K R F U X I W V P A W B P S H V X
I J I U A T Z W S K J E A G W Z K S
G E B L E O V D P R W Y G P H P Z B
G J O L N E C K L A C E I E I L Y I
S C B M T K D P M T G I L Q U Z S M
J K G O Z R Y E C E S B E K J W B Q
Q S T O O S K P C P J N P A C K R J
W L D N S H A P E S H I F T S L Z Z
U N G T H A M O O N S T O N E O R X
H M S Z T F L W H I T E S T R E A K
K T B E A S T B K G L U V B U E E J
A Z M L E P P J S Z E L U R Q N S S
E T N F Q N H L V Q S R O G Z X M F
S L Q Q I S Z G N U L E E O H X T
Z P R O J V T Y D G U R G Z R V S R
E E T R A N S F O R M F X L I B R Y
```

Lycanthrope

Shapeshift

Transform

Full moon

Moonstone

Necklace

Beast

Pack

Agile

White streak

Puzzle 14: What is the personality of Zed Necrodopolis?

```
T R H M V C S O X L G X X B P T V L P Q S
O G G R D M N P O O K D B W R X U O K D R
R F R I B E J T M P D H G V O J F P L Z L
T K B G M G N I F T H T M V T J P R Y Z J
R I X H O R P M H R O C R L E U R O L Q N
J N H T W V Y I J G P R W T C V D G O B C
S D Q E J Y L S F B E V M W T D W R B U O
R H I O T E Z T Y L F V U X I O L E E H O
L E Q U B E I I X J U X Z K V T G S D A K
W A C S W U Y C F R L R U Y E L V S I G Q
C R L H C O U R A G E O U S R I E I E Q Q
Y T N I Y I Q W Z L T A I U E P G V N B D
C E R I P C L K O S G N J D S K L E T U T
D D K U M L H M I L D P O S S E S S I V E
K N H A J G M J A M Y V S N K A G U B E M
S L O V I N G Z A Y F I J Z O O K O L I R
F Q Z B D R N P Z V M W X T B V M N T L E
G I S W L X H V N U M V C J U W N C G Z L
T Y G U Y N F P X E Y O M F Q S V E Z E S
I S Z N R G G C N S F Q K L J I I A G H W
O C L W J M M I V U J G A W T E W Y S H Q
```

Optimistic

Hopeful

Protective

Mild possessive

Obedient

Progressive

Loving

Kindhearted

Righteous

Courageous

Puzzle 15: Addison Wells is the main character of Zombies 2. Do you remember what she is like?

```
H  O  S  P  I  T  A  B  L  E  W  K  T  R  S  S  V  B
U  Q  N  I  H  J  V  Q  L  O  T  E  J  D  Z  H  H  Z
G  Z  I  V  A  C  L  I  N  D  E  P  E  N  D  E  N  T
I  B  C  Z  D  N  L  E  S  Q  Z  R  W  M  J  O  D  N
A  X  E  T  A  L  E  N  T  E  D  O  B  K  T  J  O  W
T  Z  S  E  C  R  E  T  I  V  E  G  F  K  M  B  E  U
Y  Z  E  I  H  C  S  P  R  Z  X  R  R  I  A  I  F  N
L  X  L  K  D  R  K  W  F  Q  D  E  I  N  Y  Q  Y  Q
H  R  T  P  D  P  H  G  C  A  E  S  E  D  V  G  V  E
E  O  G  B  D  C  J  T  X  H  F  S  N  M  J  I  Z  B
H  H  B  E  R  X  H  J  T  P  I  I  D  X  K  K  V  V
R  G  A  K  Y  K  L  D  H  S  A  V  L  S  K  L  H  J
Y  B  G  S  X  T  X  L  R  U  N  E  Y  J  I  R  Z  D
J  V  A  C  O  B  I  F  E  X  T  L  W  A  A  K  P  O
I  T  M  K  H  G  X  M  G  T  M  Q  H  Q  I  L  O  K
B  U  I  Z  L  H  L  X  Y  G  X  X  I  B  E  G  Z  Z
W  X  L  X  Z  C  O  P  E  N  M  I  N  D  E  D  C  P
Q  G  K  S  A  B  S  G  F  N  F  Q  Y  C  P  I  J  C
```

Nice   Defiant
Kind   Secretive
Independent   Talented
Open-minded   Friendly
Progressive   Hospitable

Puzzle 16: Bucky was the antagonist of the first movie then turns into a supporting character in the sequel. Do you know what he is like?

```
O N E Q V P I S N F Y H F U J U A A J Y X E
T I N T O L E R A N T T T V F X R K R U X A
Y N U J S J I R M S B I P K J F H F W R B F
D H E A D S T R O N G E L D B B H G B J H A
O O B E R N D Z G E G O T I S T I C D B L U
L J Q X D R K D O G E F S A F B D H O W Q Z
P T G B I E M C O N T R O L L I N G M L L X
X P P P S I N C T F O S L N U S J Z I S H U
V W E S C E B Z D R S Q A K R D B N N L K V
P V R A R L G O M E U B U E K H G E E Y U K
D Z F E I H B M C O M P E T I T I V E U P A
N Y E C M B A Y M X S O T F S B I Z R K H T
L J C T I V Q D Z B Y G V H S C P E I G B V
F V T R N I X N G W J Y S G H K R R N V U F
U D I E A W A R R O G A N T L A R O G M H U
H D O V T R I R T G J U Q X H D J M B M F W
Z F N S O M W P J S W V V M N I Q H V N Y Z
J M I D R M D O J P O N E U Q X S U M T B
A M S G Y D F L I E G O C E N T R I C G Y P
U L T O K I T L F F P C L V S W J U B F J V
K Y I Y R E L I N G V F V S E H Q K I W C S
U Z C G N E V L A K W D O I R J E B M Y V V
```

Competitive

Egotistic

Arrogant

Domineering

Perfectionistic

Intolerant

Discriminatory

Headstrong

Controlling

Egocentric

Puzzle 17: Eliza Zambi is Zed's best friend.
What do you know about her personality?

```
Q W I J B L B A X I T K W G Y O T T
X T C I N I S U P P O R T I V E W H
J A A I E K V C G G F T Z L Y M U O
E J R A N P H T M M G C I A L I W K
G X I T T O P E N M I N D E D I Z J
N K N T O R G C D L X R Z N T Z Y W
Q L G X R I A H B T T U B N C F K N
L X K C V R Z S W J M R R C H E T L
X F F P Y E I A I S X Q L L F S G C
Y O X H I H D V L M J F A E N P H R
L G E I F O I V L A R I N V T P X A
D Y Q X J G C Y I R R X H E T W Y K
D G N B D W K L N T O N A R V S N Q
F O M H H E I F G T G K P Q A E X J
B O I U F R I E N D L Y M J R Z B T
V D I R H S L O F V S P C F C E W B
B J F V I X U E L L Z E B H B D K E
R I O Z I N T E L L I G E N T Z R U
```

Intelligent	Willing
Good	Caring
Smart	Supportive
Clever	Open-minded
Tech-savvy	Friendly

Puzzle 18: What about Addison's bestie, Bree? What is she like?

```
A  I  L  L  E  B  I  A  K  B  H  I  N  M  Z  K  K  K  Y
S  D  H  V  E  S  B  T  U  P  P  T  U  I  R  Y  B  B  X
F  V  W  B  R  O  F  P  O  M  G  W  M  T  V  D  A  P  Y
K  Y  C  H  E  E  R  F  U  L  V  N  A  H  Z  Q  R  H  M
T  I  L  L  U  K  X  O  R  W  F  A  L  F  V  W  F  F  M
M  S  J  Y  W  S  L  Z  N  J  I  O  B  A  P  I  O  L  H
X  Z  L  K  O  U  S  E  G  R  V  N  H  S  U  I  E  D  I
O  L  L  O  A  J  O  P  E  N  M  I  N  D  E  D  A  H  J
Q  X  M  Z  L  R  C  M  B  N  L  M  H  B  U  T  S  R  D
E  N  T  H  U  S  I  A  S  T  I  C  Y  B  L  J  I  P  B
O  P  T  I  M  I  S  T  I  C  J  O  V  U  N  E  L  M  K
P  J  V  U  M  I  R  Q  S  Y  V  M  X  U  P  V  Y  T  F
N  A  F  F  A  B  L  E  M  J  L  P  R  K  T  M  S  S  B
N  F  H  O  S  P  I  T  A  B  L  E  E  J  T  S  C  D  I
D  M  R  G  B  M  A  B  I  I  Z  T  D  U  Z  G  A  Y  G
D  C  W  M  U  N  D  L  R  U  J  E  F  A  O  T  R  T  R
Q  D  R  K  C  A  P  A  B  L  E  N  A  K  N  E  E  A  L
J  R  H  M  F  Q  A  K  H  A  O  T  C  M  Z  M  D  I  H
O  M  I  T  D  Z  Y  P  W  K  H  O  P  E  F  U  L  L  X
```

Cheerful

Optimistic

Open-minded

Hospitable

Enthusiastic

Competent

Capable

Hopeful

Easily-scared

Affable

Puzzle 19: Do these words perfectly describe Bonzo's personality?

```
T A L E N T E D W S J Y X X A T J Q K
V I Z F I K E S P M B V X I J G O K A
D O G R H O M I H R P H J B K E A P E
V C E I W A R M F K G Y T D D H C B U
T A N E E E N W Z Z V Z P J D U J V Y
J K T N A K Z W T S F T G S B N O P C
J S L D A S O C L H B S H B R V O B S
P T E L O R G R C Q B W F K S N Q I U
V L D Y C K I E W K K G A C U K T N D
I Z F C W I Q S Q U I E T F I H I V G
K D P P J Q J E F Q N N U M V Z G E Y
F N P D T N U R S N D A P Y U D C N A
F Y Q S U F H V Z G I I F I V E M T L
B S N T O R L E F W N W T C J B I I M
X Q E Z F U U D C U D D L Y L G Q V U
H M I A F F E C T I O N A T E R Y E T
B P Z Q Q S Y C A P J Y J O H B G A W
W I A D P R K J B P X T B M L S B N J
Y G G O O Y A F D C Y I V P J Y O E Z
```

Quiet	Talented
Reserved	Cuddly
Kind	Inventive
Warm	Affectionate
Friendly	Gentle

Puzzle 20: What can you say about Zoey Necrodopolis' personality?

```
S H H K C Y J X L A H P R R P Y B J F
T A A D I M V U S Q T C L N I O K D K
G P M I Z N P I Z T F P I L U W Y F T
K P R I F E N T H U S I A S T I C R M
F Y O F P Q N Q E N H O P E F U L Z G
A L B R E G Q Y A A W A N Z Q K K L O
T H I F G R U F Z E U I R Z Q L Z V T
A A M N D P Y P A S S I O N A T E S A
W B A Q Q Z Z L A J S N I G U D N Y G
R R G R M N C O F E O C S B J Y K M R
F S I O L U W V H E Y O U T H F U L G
X T N N B Z Z I Y Y A S W E E T C I K
R A A B U H S N L P H I S K V S B P V
G Q T Y O G W G Q I Y A A Y L A F R R
Y Q I X Y V U B R I G H T Y U A V D Z
C E V T A T Q A E W B W H H M L B F N
J S E R N T J B K R P V O N Q Z S G C
D G N G T S V N E K S E P N A C O M Y
A O C B P I L X X M P G L U G A R C C
```

Youthful

Loving

Passionate

Happy

Bright

Buoyant

Sweet

Hopeful

Imaginative

Enthusiastic

Puzzle 21: What is your opinion on Lacey's personality?

```
T  B  G  N  W  S  W  X  C  Z  C  Z  J  O  F  Z
J  M  W  K  K  D  G  L  H  V  B  E  G  F  P  A
M  R  P  D  F  O  W  Y  E  B  C  A  C  G  U  N
V  A  A  H  H  I  T  B  E  R  F  S  A  O  Z  W
Q  D  K  H  D  F  Z  K  R  I  C  F  R  D  B  M
K  Z  Y  D  C  P  P  B  Y  G  D  K  I  T  F  Y
L  V  D  D  A  M  R  L  I  H  X  Q  N  B  U  V
R  V  K  A  R  R  T  O  M  T  J  K  G  R  L  Q
F  W  R  S  E  M  X  Y  S  A  S  S  Y  V  P  M
M  T  K  F  F  W  N  A  U  K  T  H  X  W  O  R
O  I  B  F  U  X  W  L  A  B  K  V  T  L  K  G
F  O  F  A  L  Q  M  A  T  T  E  N  T  I  V  E
R  L  V  J  H  X  D  Y  W  B  Y  V  Q  K  N  N
I  E  Q  T  L  I  K  E  A  B  L  E  Y  W  I  T
K  I  R  L  X  B  P  B  X  K  D  P  N  O  C  N
O  O  B  E  D  I  E  N  T  D  A  Z  A  Z  E  B
```

Nice
Caring
Attentive
Sassy
Careful

Bright
Cheery
Obedient
Loyal
Likeable

Puzzle 22: Do you think these words fit Stacey's personality well?

```
L  U  I  Q  K  D  Z  C  L  H  C  I  G  Z  C  M  C
C  E  C  Q  C  O  P  O  I  F  H  Z  B  O  I  Z  E
Z  U  O  H  B  I  J  T  U  A  E  T  Q  T  J  P  L
F  W  L  H  N  T  C  Q  T  I  E  P  N  I  H  A  D
Y  S  Z  A  E  O  Y  P  O  I  R  C  V  F  F  S  E
C  Z  X  R  N  L  R  G  D  I  F  O  J  D  O  S  V
J  C  L  B  E  E  J  A  Z  U  U  N  A  W  C  I  O
Z  A  W  U  R  R  Y  W  K  F  L  F  Y  I  U  O  T
N  O  S  Y  G  A  O  G  O  U  M  I  A  B  S  N  E
Z  R  U  O  E  N  O  Y  B  N  J  D  L  R  E  A  D
N  K  A  M  T  T  G  R  E  N  C  E  D  C  D  T  J
Z  R  T  K  I  Q  W  G  D  Y  S  N  P  T  P  E  I
L  T  J  B  C  I  H  F  I  X  G  T  S  X  Q  A  X
Y  M  B  S  K  I  L  L  E  D  A  U  J  M  B  J  I
T  V  H  I  E  W  Y  N  N  W  L  N  Q  X  S  J  N
G  S  W  G  Q  Z  F  P  T  K  O  R  A  V  L  Q  E
Z  M  K  E  A  C  R  X  K  K  O  J  C  O  C  O  G
```

Obedient	Confident
Energetic	Funny
Tolerant	Cheerful
Devoted	Skilled
Focused	Passionate

Puzzle 23: What do you know about Jacey's personality?

```
C F Z J H R G Z Z T B L A X N Y H P
M T Y V D X J M C E C A K X P V A I
E Q W H O R X C O I Z I P S X P R Z
Q Y R F D K Z V G M J E N V T J D P
V O D C O M P E T E N T U T Y E W O
I Q V B K I M S J Q Z S F A U N O H
D R Q H K J K K O G V Z H L D Q R U
E D F Y O I C I Y V D Y C N P K K M
D P U M S V Y L F S X X E P Q A I O
I I N P X D O L U A R D E N T Y N R
C S N C B R U F L I A Q T X N K G O
A X Y A C E T U K E N W G O I B B U
T K H M W P H L C H M F T Z O Y G S
E L B I A P F Z E Q G F M E A Q P X
D H O B Y E U A M B I T I O U S Q U
L P F A J P L E E U F A E Z I G C E
N C L S Q J M T I O W Z W S E B H Z
M J J S L E D J Q A H T C C D O N G
```

Competent   Joyful
Funny   Ambitious
Humorous   Skillful
Ardent   Dedicated
Hard-working   Youthful

Puzzle 24: Zed thought Wyatt Lykensen was into Addison, but we know better. What is Wyatt like?

```
H  X  R  E  R  Z  V  V  U  L  A  W  W  O  U  L  Z  K  Z  S
R  L  V  K  C  F  J  M  H  L  L  E  U  J  L  P  Y  K  F  P
V  X  A  N  L  Q  Y  X  N  Z  F  G  U  Z  A  B  N  D  Q  G
I  R  E  S  P  O  N  S  I  B  L  E  C  A  P  K  K  K  Y  N
V  C  S  I  Q  P  O  V  Q  Z  H  G  D  I  M  O  O  D  W  B
V  C  P  P  W  X  B  S  D  H  D  Y  R  T  V  P  X  G  Q  A
Y  O  A  B  I  N  G  V  L  Y  D  N  A  C  A  Z  G  N  R  Y
N  M  C  O  M  Z  T  H  O  U  G  H  T  F  U  L  Q  S  V  U
G  P  Q  O  C  A  R  I  N  G  R  V  I  E  T  J  E  O  L  J
Y  A  H  I  M  M  F  F  Y  E  M  S  O  L  X  S  J  Z  E  S
N  S  L  I  B  O  E  T  Z  M  Y  V  N  S  P  D  M  D  H  R
E  S  V  K  P  W  K  S  O  N  S  R  A  B  F  Z  P  Q  L  D
X  I  B  P  A  K  O  E  K  K  T  R  L  L  O  V  I  N  G  W
B  O  T  C  H  V  E  C  P  S  E  N  S  I  B  L  E  Y  K  Z
G  N  U  G  H  K  H  R  I  K  R  W  Z  E  L  G  V  K  F  F
X  A  G  K  L  Y  I  E  U  Y  I  P  H  D  P  H  C  I  Q  B
H  T  A  T  H  H  Y  T  S  Q  O  C  Q  P  Y  D  P  X  U  T
V  E  H  G  S  V  F  I  R  P  U  J  W  L  R  M  U  Z  D  B
Z  T  P  V  L  A  J  V  P  R  S  B  O  N  V  M  O  D  B  T
D  K  O  C  L  E  Q  E  C  A  U  T  I  O  U  S  J  P  S  A
```

Secretive	Compassionate
Mysterious	Sensible
Loving	Cautious
Responsible	Thoughtful
Caring	Rational

Puzzle 25: Willa Lykensen is the leader of the werewolves. What is her personality?

```
P N Z F O M Z R G G Y T R Q V M N
L D Z Q J Y M T X A V X O J K P U
S C I G Q S T R O N G L V N Q E Y
D K R U H D T T C Q A V F R Z X O
O Y A X C O W J W N N A S V T T V
B M Z U V U J A G K L O Y A L R F
G U P B H M E T E H R S X T N E X
P A S S I O N A T E N C A T S M X
D T L I J S J K D T J L Q A B E C
X E J R R G K Y M U Z U D L J X V
D E R O S D R E B Y O I M E H L V
Q G A G Y K S E R I O U S N L O U
Z T S P R O T E C T I V E T B Q F
J L M D A J Z F Z V I O L E N T B
X O Y U V P G I L B H T A D E V C
Q Q J C O N F I D E N T F I B O I
D E V O T E D T D K Z S E Y Z Y V
```

Strong

Protective

Serious

Loyal

Confident

Violent

Extreme

Devoted

Passionate

Talented

Puzzle 26: Wynter Barkowitz is Willa's youngest packmate. What is her personality?

```
V C N F U C W I V S T B W J Z C
G H J I R B Q E A O F M F Z M I
B V E W L S O W I U Y Y S I K A
H S N L L E W R S L X E Z R E P
L M E C I R G R R F P X Z P F V
O E R A B I N D F U L A C N P S
V A G R W O X I A L Z U U J Z E
I N E I F U B V P R W N N E I W
N Q T N H S D V Z K D C A M Q J
G O I G E Y Z G P R O U D O R P
H A C O T V O D J G A B N T Q N
K H E H W K E N H T K I O I W C
D C A T R D Y R I U I P G O M F
R U T H L E S S J F N X Q N H O
Z S N L P X L K Y M D D T A T U
E W S P R E Y L O B O X W L M C
```

Mean
Serious
Ruthless
Kind
Soulful

Loving
Caring
Emotional
Proud
Energetic

Puzzle 27: What can you tell us about Zevon Necrodopolis' personality?

```
P R O G R E S S I V E I P M R K G F K M E
J V L S Y X M C L K I O T G P C L T A O G
A J F J Y A Z A G V X P E M R M B Q A J N
Y Q L N T N V P E M A T C C O E R F A T L
I T F U O K R A P J H P I O U G K F B W Q
R Z A R N R B B B W Q H B X D O N F F J U
E Y K S W E I L Q R L O V I N G T R V Q W
B S W I N X I E O C U S K Y G I D V L I Y
A F Z A G E B D A O W U D W B T O Y Q E
W S E Q I Z L D Y R C E D G L V T K V O V
P C M U C R I B E I G O J K F H E R I O W
H O P D R X I V A N F V H T D F J I U F W
U M O K A R W N W G O O U V G F H L D M Q
E P K B F U A X V U R L M P U G K B C J V
G E I I T B M P U Q X C O H X Z R H T V R
N T N L Y V Q C Q X V N R O J B H F I N E
Y E D N Q X F A M I L Y O R I E N T E D N
B N Y D N B J B O U P M U D P G F N S L B
G T E Q P G I A B C H Q S P J G J W Q M P
S F I D O J J N W W Q I T S G A Q X G D H
T Y I B O C E C S T Y B M Z H N Q K R F Z
```

Kind

Caring

Crafty

Humorous

Competent

Capable

Progressive

Loving

Family-oriented

Proud

Puzzle 28: What is the Zombie Patrol?

```
Y Z A L E R T A U W W P A V X B M M M Z P B
F R B O W E Z R C O Z R K B P V Q S O P L U
Q Q Q G U L R L P V M O Z G N P S R C V T I
E C P D Q P C M C J G T D S Q U T Y L R T U
D Z K K B F M T P P G E E T Z H R G Z L V J
J Q M X Y P S Y G D Z C T O S V I G J M T Z
A S I W P R I I M G C T E I I H C V A P L O
S D U E I W I U M D M I C B Q T T W Z A L M
E C H L P C Q K E A K O T U V S G B R K M B
C A D K V C Q T V W T N I H S W G Q F J C I
U G L I V R H B C B E R O P P E R C P A J E
R T K D D V C A E N C F N Z W A T D F V C D
I L W N B T T S L E R O H P N A E R Y V E E
T Q W A J E I G S Y U C O N T A I N M E N T
Y O N B C D E T A I N M E N T G A N L L T E
L N W P A S D D V M P I M U O U V R I X N R
U H D J K A D S I Q N M U U K I H Y P J D R
M X K P E A C E K E E P I N G X B V O E M E
W K P H D P P D K C T R B I M U K K N R J N
D V R H P B Z D C L U Y K E Q T E A M E X T
Z E C F E Y L I P W Y L E D V X J E N B T I
B I M I X G N Z J J M D R Q U A R R H S F B
```

Team   Detection
Containment   Security
Detainment   Strict
Peacekeeping   Z-alert
Zombie deterrent   Protection

Puzzle 29: Can you name the monster characters of Zombies 2?

```
M B C H A R X N Y C O K E H X I H J S S Q M A B
Q H Q M U Q I C D V G Q E L A D E T A P T S V L
G W Q J Q G W Y N T E R B A R K O W I T Z E K Z
S I D S R R Z E D N E C R O D O P O L I S H L L
V L U S G C N L L D C J N B Z D T I X J J C C H
E L M N Q G E L I Z A Z A M B I P F G F K J U T
S A E K C B F D R I Z Y W V V R F S J T I O U K
H L M F Q H E T O X F V V Q S U O J C H O Y O H
R Y E P W F V I W Z Q J Y I Z Q W G T M Y M M D
K K T F F H L F F N I B Q G K I A Y K H G Z L W
X E N H J O G K N V G Y I V J N N E G O B U O B
S N W U N J N B N D P T K V J U D L Q E G Q J P
J S Q C G O U X E F K D M Y V C A I Z M D Q C T
N E Y O A P E Z K E A G Z K F Q J G J R E V W N
J N C H G T C X X A S E N S I U O V U G O W A E
A J T H W Q N L B H R L S A W W W T M F Z P R Q
T V L C Y U G M F F Q I L A T P H S P A I V D Y
A Z E V O N N E C R O D O P O L I S W D F Q F E
V Z O E Y N E C R O D O P O L I S L M T W R A B
N Y Z B K N W Y A T T L Y K E N S E N D V C D L
D U M W A O O J D S L P W R I O L D V T V Z W V
U G U Y R A N I O M Q P B O N Z O M W F T Y T Z
Y D U C X E R D O Z L Z J V I R W X G N L R I Y
M G I W N J U R N S W P F U K A J P H H N O B Q
```

Zed Necrodopolis

Eliza Zambi

Bonzo

Zoey Necrodopolis

Wyatt Lykensen

Willa Lykensen

Wynter Barkowitz

Zevon Necrodopolis

Wanda

Puzzle 30: Alternatively, can you name the human characters of the movie?

```
T C M K K U T N H J C J D L L R J N O M
F Y S L W I A Y R T G U A P H V Q R K G
H K C A B R E E S V G P L J O Y H V E Q
T J J C Z I C J M H S V E A M R S L E E
J T V E D B Z F O O Y E J C F F M I B P
T H O Y V A O L Z F W K K E K N I U U K
S C F Z T Y M P S A Q G Q Y B K S E C L
I Z B I K R N K D D V Z Z H G W S O K C
V E O V Q Y U P N D W N H V S U Y J Y Y
L N J N B O P P N I L O L G C T X L B Q
M H C O A C H S T S D P G N F A Z L U S
H N V V V K R R I O D X J A W N I S C N
S T V D Z G N A C N L M I O J D D R H G
L F A U U D Z E H W J L O U H T U Y A O
G S Q J V S T A C E Y P Y F V T W T N W
X I V H W K W G R L M F U S K U E W A O
R Z X G H F S S T L Z Y Z X Z W H A N M
K H X G J D B X K S X Z G J T X M R Y U
W K S O A T Y K Q U M F S F D E D D C A
C Y M F O Q D P M I C R C P B G O I X Q
```

Addison Wells   Jacey
Bucky Buchanan   Dale
Bree   Coach
Lacey   Missy
Stacey   Mrs. Lee

Missing Vowels Puzzles

Puzzle 1: Who is Zed Necrodopolis?

1. T _ _ n _ g _ r   _____

2. F _ ct _ _ n _ l   _____

3. M _ l _   M _ nh _ _ m   _____

4. M _ t _ t _ d   _____

5. M _ nst _ r   _____

6. Pr _ t _ g _ n _ st   _____

7. B _ _ fr _ _ nd   _____

8. S _ n   _____

9. Br _ th _ r   _____

10. Z _ mb _ _   _____

11. F _ _ tb _ ll st _ r   _____

Puzzle 2: On the other hand, who is Addison Wells?

1. Gr _ _ t _ lph _   _____

2. V _ n Ch _ _ rst _ ck   _____

3. Ch _ _ r _ McCh _ _ rst _ _ n   _____

4. T _ _ n _ g _ g _ rl   _____

5. G _ rlfr _ _ nd   _____

6. H _ m _ n   _____

7. C _ pt _ _ n   _____

8. D _ _ ght _ r   _____

9. S _ c _ nd _ r _ pr _ t _ g _ n _ st   _____

10. F _ m _ l _   _____

11. Ch _ _ rl _ _ d _ r   _____

12. Ch _ _ r B _ _ ts   _____

Puzzle 3: Do you know who Bucky Buchanan is?

1. H _ m _ n

    _____

2. C _ _ s _ n

    _____

3. Tr _ v _ r T _ rdjm _ n

    _____

4. P _ st _ nt _ g _ n _ st

    _____

5. S _ pp _ rt _ ng ch _ r _ ct _ r

    _____

6. J _ rk

    _____

7. P _ rf _ ct _ _ n _ st

    _____

8. M _ l _

    _____

9. T _ _ n _ g _ b _ _

    _____

10. C _ _ ch

    _____

Puzzle 4: Who is Eliza Zambi in Zombies 2?

1. C _ mp _ t _ r m _ st _ r _____

2. Z _ mb _ _ _____

3. K _ l _ _ R _ ss _ ll _____

4. H _ ck _ r _____

5. M _ nst _ r _____

6. D _ _ t _ r _ g _ n _ st _____

7. F _ m _ l _ _____

8. St _ d _ nt _____

9. _ _ _ ngst _ r _____

10. B _ st fr _ _ nd _____

Puzzle 5: What do you know about Bree?

1. Ch _ _ rl _ _ d _ r   _____

2. C _ rl _   J _ ff _ r _   _____

3. St _ d _ nt   _____

4. M _ n _ r ch _ r _ ct _ r   _____

5. H _ m _ n   _____

6. Sh _ rt _   _____

7. F _ m _ l _   _____

8. F _ ct _ _ n _ l   _____

9. B _ st fr _ _ nd   _____

10. G _ rl   _____

Puzzle 6: Do these words tell you who Bonzo is?

1. Z _ mb _ _   _____

2. Fr _ _ nd   _____

3. B _ _   _____

4. F _ ct _ _ n _ l   _____

5. Ch _ r _ ct _ r   _____

6. M _ t _ t _ d   _____

7. J _ m _ s G _ dfr _ _   _____

8. N _ t _ v _ l _ ng _ _ g _   _____

9. M _ l _   _____

10. St _ d _ nt   _____

Puzzle 7: What do you know about Zoey Necrodopolis?

1. L _ ttl _   s _ st _ r   _____

2. Z _ mb _ _   _____

3. K _ ngst _ n F _ st _ r   _____

4. _ _ _ ng _ st ch _ r _ ct _ r   _____

5. S _ pp _ rt _ ng ch _ r _ ct _ r   _____

6. D _ g l _ v _ r   _____

7. Z _ Z _   _____

8. Z _ nd _ r   _____

9. G _ rl   _____

10. F _ m _ l _   _____

11. K _ d   _____

Puzzle 8: Can you tell us some information about Lacey?

1. M _ ght _   Shr _ mp   _____

2. H _ m _ n   _____

3. St _ d _ nt   _____

4. _ C _ _ S   _____

5. _ m _ l _ _   McC _ rth _   _____

6. Ch _ _ rl _ _ d _ r   _____

7. T _ _ n _ g _ r   _____

8. G _ rl   _____

9. J _ nn _   _____

10. F _ m _ l _   _____

Puzzle 9: What can you tell us about Stacey?

1. _ C _ _ S   _____

2. _ ss _ st _ nt c _ pt _ _ n   _____

3. J _ sm _ n _ R _ n _ Th _ m   _____
   _ s

4. Ch _ _ rl _ _ d _ r   _____

5. M _ ght _ Shr _ mp   _____

6. F _ m _ l _   _____

7. St _ d _ nt   _____

8. Cl _ s _ t f _ ll _ w _ r   _____

9. G _ rl   _____

10. H _ m _ n   _____

Puzzle 10: What do you know about the latest addition to the ACEYS?

1. St _ d _ nt

_____

2. J _ c _ _

_____

3. N _ _ h Z _ lf _ k _ r

_____

4. B _ _

_____

5. M _ l _

_____

6. K _ v _ n

_____

7. Ch _ _ rl _ _ d _ r

_____

8. H _ m _ n

_____

9. M _ ght _ Shr _ mp

_____

10. T _ _ n _ g _ r

_____

Puzzle 11: What do you know about Wyatt Lykensen?

1. W _ lf p _ ck   _____

2. F _ ct _ _ n _ l   _____

3. P _ _ rc _ J _ z _   _____

4. Br _ th _ r   _____

5. F _ rb _ dd _ n F _ r _ st   _____

6. W _ w _   _____

7. L _ v _ _ nt _ r _ st   _____

8. M _ nst _ r   _____

9. W _ r _ w _ lf   _____

10. _ ct _ r   _____

Puzzle 12: Willa Lykensen was thought to be the main villain of Zombies 2. What do you know about her?

1. _ lph _

2. T _ _ n _ g _ r

3. W _ r _ w _ lf

4. F _ m _ l _

5. Ch _ ndl _ r K _ nn _ _

6. St _ d _ nt

7. M _ s _ nd _ rst _ _ d

8. _ ld _ r s _ st _ r

9. G _ rl

10. P _ ck l _ _ d _ r

Puzzle 13: Who is Wynter Barkowitz?

1. M _ nst _ r   _____

2. _ r _ _ l M _ rt _ n   _____

3. B _ _ st   _____

4. F _ m _ l _   _____

5. N _ w ch _ r _ ct _ r   _____

6. M _ n _ r r _ l _   _____

7. W _ r _ w _ lf   _____

8. G _ rl   _____

9. _ _ _ ng _ st   _____

10. P _ ckm _ t _   _____

Puzzle 14: What do you know about Mrs. Lee?

1. M _ rr _ _ d   _____

2. N _ _ m _ Sn _ _ ck _ s   _____

3. Pr _ nc _ p _ l   _____

4. W _ m _ n   _____

5. S _ pp _ rt _ ng ch _ r _ ct _ r   _____

6. F _ m _ l _   _____

7. M _ n _ r r _ l _   _____

8. S _ _ br _ _ k H _ gh   _____

9. H _ m _ n   _____

10. M _ ddl _ - _ g _ d   _____

Puzzle 15: What do you know about Zevon Necrodopolis?

1. M _ ddl _ - _ g _ d   _____

2. _ nf _ ct _ d   _____

3. F _ th _ r   _____

4. C _ _ c _ s _ _ n   _____

5. M _ nst _ r   _____

6. M _ n   _____

7. M _ l _   _____

8. M _ t _ t _ d   _____

9. S _ pp _ rt _ ng ch _ r _ ct _ r _____

10. Z _ mb _ _   _____

Word Scrambles Puzzles

Puzzle 1: What do you think of Addison and Zed's relationship?

1. nlgengihacl   _____

2. utec   _____

3. rbdlaaeo   _____

4. patioebmcl   _____

5. nsergeivd   _____

6. loimycsb   _____

7. eolfuph   _____

8. ltfdfciui   _____

9. locrtsnoivrae   _____

10. utranilsice   _____

Puzzle 2: In your opinion, what is Zombies 2?

1. snaftya _____

2. ricomtna _____

3. onirailg _____

4. arecnAim _____

5. elquse _____

6. malusci _____

7. imlf _____

8. nuocataiedl _____

9. lonicafit _____

10. iyalfm-fyilnrde _____

Puzzle 3: "We Got This" is the first song to be featured in Zombies 2. Can you remember the words in its lyrics?

1. zkmnioiebd   _____

2. rawpn   _____

3. artkc   _____

4. glod   _____

5. ropew lptan   _____

6. rstigns   _____

7. relus   _____

8. ednac   _____

9. mdlo   _____

10. eirs   _____

11. leif   _____

12. sdieni   _____

13. sgoserrp   _____

14. neecs   _____

15. elrtets   _____

Puzzle 4: "We own the night" is the song that introduces us to Willa and her werewolf pack.
Can you point out the words in it?

1. ssahdow   _____

2. oemfedr   _____

3. ycaelg   _____

4. ahsle   _____

5. sight   _____

6. aepc   _____

7. cnste   _____

8. tspofroo   _____

9. alevi   _____

10. aeptipte   _____

11. iomotglnh   _____

12. aleasitnib   _____

13. asech   _____

14. eibicnilnv   _____

15. utsrt   _____

Puzzle 5: "Like the Zombies Do" is the next
song in line. Spot the lyrics' words in the puzzle
below:

1. noewtkr _____

2. okerowhm _____

3. stug _____

4. ohingwl _____

5. ealuanvibl _____

6. asenni _____

7. ilggnorw _____

8. lwsca _____

9. rietpyhco _____

10. nraeucim _____

11. mkuepa _____

12. aspiarde _____

13. buts _____

14. fgnsa _____

15. oubtd _____

Puzzle 6: "Gotta Find Where I Belong" is the song where Addison and Zed has their first couple fight. Do these words in the lyrics make you remember?

1. ovcre _____

2. vcgieiedn _____

3. hrut _____

4. tuessolam _____

5. wores _____

6. aflws _____

7. dmin _____

8. kisemsta _____

9. eparpa _____

10. ohem _____

11. eesurrps _____

12. neustddarn _____

Puzzle 7: Addison's true self is tested in "Call to the Wild". Can you point out the words of its lyrics?

1. diletacnyil   _____

2. egrnye   _____

3. nrutpietr   _____

4. vlei   _____

5. quenui   _____

6. ysrmctieh   _____

7. fimyal   _____

8. ynitu   _____

9. tmryyes   _____

10. uctnmyoim   _____

11. oysthir   _____

12. htyrmh   _____

13. ystra   _____

14. phpyroec   _____

15. edtynis   _____

Puzzle 8: Zed loses the election due to his possessiveness in "I'm Winning". Find these words written in the song's lyrics:

1. gnrndoreuud   _____

2. tttuidae   _____

3. isonsim   _____

4. oge   _____

5. roivuistoc   _____

6. ierepsdnt   _____

7. nmicmolpet   _____

8. gftohltuuh   _____

9. kpre   _____

10. uelaq   _____

11. sraoumglo   _____

12. tishpreo   _____

13. rtnoiaidt   _____

14. ervyitsdi   _____

15. badeet   _____

Puzzle 9: The werewolves take matters into their own hands in "Flesh & Bone". Do you still remember these words from the song?

1. iontretutsi _____

2. ceoiindtr _____

3. teapniraos _____

4. ellodci _____

5. azrcy _____

6. irlesv _____

7. ntesaddr _____

8. aerlniatcdo _____

9. epishwr _____

10. eitodnmlio _____

11. itohnstiea _____

12. eioratgnne _____

13. toeurvlnoi _____

14. rogdun _____

15. ironftlece _____

Puzzle 10: Zed and Addison make amends to the reprise version of Someday. Can you point out the words from the song in this puzzle?

1. aeasdrpi _____

2. gneielf _____

3. peerftc _____

4. dyhgtial _____

5. renaxrioatryd _____

6. rekadr dsei _____

7. alugh _____

8. niyrador _____

9. odrba _____

10. eids _____

Puzzle 11: The last song "One for All" is where
all the characters take part in. Find the lyrics'
words in the puzzle below:

1. veaitrp

2. eqiedurr

3. wnomlkoa

4. eecdxti

5. idddvie

6. brsiwadtn

7. atrss

8. groetthe

9. migac

10. ftfediner

11. tcauiomat

12. uidnet

13. wdan

14. dhpey

15. ivintde

Puzzle 12: What does Eliza Zambi look like?

1. mtsar _____

2. energ ahir _____

3. elap _____

4. tgihrb _____

5. ichc _____

6. ipdsteir _____

7. rbodelaa _____

8. onrwb seey _____

9. fuloytuh _____

10. mafelroocbt _____

Puzzle 13: What does Bree look like?

1. rndeiylf _____

2. bklca hiar _____

3. utec _____

4. cybubh _____

5. brnow esye _____

6. sohtr _____

7. porparetapi _____

8. reynd _____

9. bkalc niks _____

10. ggnlwio _____

Puzzle 14: What does Bonzo the zombie look like?

1. gnacemni   _____

2. myelis   _____

3. uascal   _____

4. eniwotgr   _____

5. hpi hpo   _____

6. nrege hria   _____

7. gib   _____

8. godo-knlgoio   _____

9. altl   _____

10. ornwb yese   _____

Puzzle 15: What can you say about Willa Lykensen's appearance?

1. twihe stkraes   _____

2. wbrno eeys   _____

3. diwl   _____

4. oceixt   _____

5. iammondgnc   _____

6. aottdtoe   _____

7. ratcvaetit   _____

8. nofectidn   _____

9. iyrsemutos   _____

10. isrseou   _____

Trivia Questions

1. Who is a zombie?
A. Zed
B. Tracey
C. Lacey
D. Stacey

2. What is the name of the school in ZOMBIES 2?
A. Seabrook High
B. Seven Seas High School
C. Seaview High School
D. East High

3. What is cheerleader Addison's boyfriend's name?
A. Ned
B. Bob
C. Ted
D. Zed

4. What is the actress's name that plays Addison?
A. Ariel Martin
B. Meg Donnelly
C. Carla Jeffery
D. Kylee Russell

5. What actor plays the role of Zed?
A. James Godfrey
B. Milo Manheim
C. Pearce Joza
D. Trevor Tordjman

6. Who is not a member of the werewolves?
A. Walter
B. Willa
C. Wyatt
D. Wynter

7. What is the theme of Seabrook High's prom?
A. Powerful shrimp-theme
B. Mighty shrimp-theme
C. Mighty wolf-theme
D. Powerful tiger-theme

8. Who is the werewolves fierce pack leader?
A. Wyatt
B. Willa
C. Trevor
D. Addison

9. What stone are the werewolves looking for?
A. The powerful sunstone
B. The powerful amazonite
C. The powerful gemstone
D. The powerful moonstone

10. What year did the original Disney Channel Movie ZOMBIES air?
A. 2019
B. 2016
C. 2018
D. 2015

11. When does ZOMBIES 2 air on the Disney Channel?
A. March 12th, 2020
B. March 20th, 2020
C. February 1st, 2020
D. February 14th, 2020

12. What movie was in the cinema when the cast danced to "We got this"?
A. Zombies
B. Nightmare on Elm Street
C. Night of the Werewolf
D. Jaws

13. What did Wyatt think Addison was?
A. A zombie
B. A cheerleader
C. The Great Alpha

14. What is the last song in Zombies 2?
A. One for All
B. Like the Zombies Do
C. We got This
D. Someday (Reprised)

15. True or False: Zed feels threatened by the werewolves.
A. True
B. False

16. True or False: Addison belongs amongst the werewolves.
A. True
B. False

17. What building was torn down?
A. The power plant
B. Zed's house
C. Cheer camp
D. Seabrook High

18. How many people watched Zombies 2 during its premiere?
A. 100 viewers
B. 10 thousand viewers
C. 2.46 million viewers
D. 1000 viewers

19. What town does Zombies 2 take place in?
A. Zombietown
B. New York City
C. Seabrook
D. French Fry Island

20. What set off The Apocalypse?
A. Mountain Dew
B. Lime soda
C. Cherry soda

21. Who is Zed's little sister?
A. Principal Lee
B. Eliza
C. Zoey

22. What are some Zombies afraid of?
A. Fire
B. Cheerleaders
C. Rain

23. Where do the werewolves live?
A. In Zombietown
B. On Addison's street
C. In the Forbidden Forest

24. What dance did Zed want to take Addison to?
A. Prom
B. Prawn
C. Homecoming

25. What did Lacey do to Zed and Addison's letters?
A. Ate them
B. Made a skirt
C. Shredded them

26. Finish the lyrics: Do it like the _____!
A. Zombies do
B. Cheerleaders do
C. Werewolves do

27. What is Seabrook High's team mascot?
A. Chipy
B. Whimpy
C. The Shrimps

28. What was the end like?
A. Nothing happens
B. The wolves sing
C. Addison's hair glows

29. What was the first song?
A. We got this
B. I'm winning
C. Flesh and bone

30. What was the second song in zombies 2?
A. We own the night
B. A girl and a zombie
C. None

31. What werewolf says our razor sharp claws will gut 'em and splatter their blood?
A. Willa
B. Wyatt
C. Wynter

32. What is Allison?
A. Wolf
B. Human
C. Zombie

33. Why does Zed get mad at Addison?
A. Because he didn't like Addison being happy for the werewolf
B. She didn't say yes to Prawn
C. None

34. What are the werewolves' last name?
A. Howling
B. Ria
C. Lynkenzee

35. Which werewolf says I'm a mean mean werewolf kid I'm tough and ruff?
A. Willa
B. Wyatt
C. Wynter

36. True or False: Zed turn into a zombie because of the moon stone.
A. True
B. False

37. What is the name of the device that keep the zombies nice?
A. Bamm-Band
B. Z-Band
C. Zombie-Band
D. Zom-Band

38. Who are the four main zombies?
A. Zan, Eloise, Barney, Zara
B. Zed, Eliza, Bonzo, Mary
C. Zed, Eliza, Bonzo, Zoey
D. Zed, Elise, Marco, Carlie

39. What did Addison want to try out for?
A. Volleyball
B. Softball
C. Choir
D. Cheerleading

40. What does Zed want to try out for?
A. Baseball
B. Soccer
C. Football
D. Basketball

41. What did a zombie do to Addison and Bucky's grandpa in the first movie?
A. Bite his ear off
B. Bite his leg off
C. Kill him
D. Eat his brain

42. Who is Bucky?
A. Addison's boyfriend
B. Addison's best friend
C. Addison's brother
D. Addison's cousin

43. What was the name of the song Zed and Addison first sang together?
A. Somebody
B. Some Life
C. Sometime
D. Someday

44. What was the first song of the first movie?
A. My Day
B. My Life
C. My Year
D. My Song

45. Who is Seabrook High's principal?
A. Ms. Lee
B. Ms. Fee
C. Dr. Tee
D. Dr. Lee

46. What type of movie is Zombies 2?
A. Disney Original Movie
B. Walt Disney Original Movie
C. Disney Channel Original Movie
D. Disney Channel Movie

47. What is the Zombie Police Force called?
A. Zombie Patrol
B. ZPD
C. Zombie Protectors
D. Zombie Police Force

48. What secret was Addison hiding?
A. She has always wanted to be a football player
B. Her real name is Sophia
C. She loves frozen yogurt
D. She wears a wig

49. What are Seabrook's signature colors?
A. Purple and Lime Green
B. Pink and Lime Green
C. Aquamarine and Black
D. Pink and Lavender

50. What cheer did Addison sing at the beginning of the first movie?
A. F-R-E-S-H! Today cheer starts, I'm gonna run this place!
B. F-I-R-S-T! Today's the first day of Freshman Year for me, me, ME!
C. C-H-E-E-R! Today cheer starts, and I'll be the STAR!
D. S-T-A-R-T! Today cheerleading starts for me, me, ME!

Solutions

Word Search Puzzles

Puzzle 1

```
W Q J T C J M X A A N M D O U Z B W G C J D R
E I N F W O W Y N T E R B A R K O W I T Z L D
Y A J B S Q L F Z K S Y S S T A C E Y P M G P
W J K J C J V Q O G H R G G K E S T L N Z R Z
D G Z W P C B P E K E B T Z Z G Q P D W X R F
M R X U S R O L Y V A C S Z E W Q T Y I X F W
C E P P G M N L N K H J E A D B J B T L A O N
X S U B T B Z Y E F G H R V N P W U J L M S A
X M P I D R O G C H K Y D R E W L C A A P J P
O O U Y Q E J Z R B R E E V C M D K C L O H D
C Q N Y E L J B O W Q R P R P N Y E Y O F Q
V H Y P Q I Z O D U I F J Q O P B B Y K N M A
A N F I O Z K J O L G I G K D H N U J E T N R
B N X V Y A T W P W L R B G O K D C M N G A K
I H Q Q V Z I T O S E I T I P H S H L S R M P
O H I G S A R Q L K Q W S G O K N A A E F C E
S T N Y Y M O S I D F R Q C L Q S N M N L G F
F K M H U B C C S P C K M C I E X A Z S G C J
B M Q D S I I N N A V R F T S W I N V C U K K
L V B T D G C K J C A H L A C E Y C E P N P F
N U M P B H M D L H Z T N D Q N U Z P N K X L
W M J K Z U W Y A T T L Y K E N S E N L I O P
R B T W C D J K E A D D I S O N W E L L S K M
```

Puzzle 2

```
Y X X T Y A D R T V K R Z D R A C A G C G P M H
Y T R E V O R T O R D J M A N C C R Y D H U W C
Y R W J X T W V D S H D Z L M B P V F Y I O W X
X P E O P B A F O D S U E J W A O Z J Q E M Z H
X D B O D T X H N G U N D U D M W K X Y Q G V L
M Y A R I E L M A R T I N Q G T C U R L J F P S
E X V E U E G K Z O Z W O C S S W G U X O K Q M
G J H S Z G T S E M I L I A M C C A R T H Y A H
D Z L Z P R K I Y Q N Z E O B M S U O A Z U I I
O X K X J G Z V X J P F R S Q Y M C K I N K Q B
N S W N A W S R Y T I L Q P D C C A Z K H Y V V
N R J O C A R L A J E F F E R Y V O E I T L G Q
E P L A P O J U N Q W E J M I L O M A N H E I M
L I X H E U Q S Z O U V S H J E W C O G X E B W
L N F Z A A Q D R G X D T L U P M O Y S X R F J
Y D W U R I Q B F C H E J G Q N L M V T N U B N
P W R L C N B I K X T T B V W B U H L O Q S V B
A A X F E X K E Z Z B G H R H V O I H N L S E E
Y Q A I J C H A N D L E R K I N N E Y F U E Q B
Y X I K O S U Q P H S L R B N V A L S O K L T X
U D I A Z V N C R H C I E A E J Q W U S X L J C
E W H R A T N R Q L G S V L J J A X O T L L H P
R B J A M E S G O D F R E Y I I V E Y E U Z R A
C J A S M I N E R E N E T H O M A S B R Y U M E
```

Puzzle 3

```
N U F D P X D Q D O N N V F I X L K S N T S V X G O M Q
S M F Y E U G O O T X X P K P I G Q Q V O P S O I P W R
B C G C M D B S K T I B V I C J B J W Y G B G J G K M Z
B E Z P D C L W U A Y R C F A I P T J V V V R F J T P Y
Y K B Q L X Q J W F Y W U V L D Y F O A O M C S D Z T S
H R S B A N Y A S G O A S K L T Z Z I C D B E H W U O K
C Z S G Q V L G O W L I K E T H E Z O M B I E S D O K K
G B Q O K O Y S B J C H Q O O A R Z O P H Y H Q V C Z Q
T I V T W F L E S H B O N E T B W U C R M F M G R Q Q T
Y C D T K V C J I R M N S H U B T Y W E K A D M Z C Q
S G Y A G O F A R E B Z S X E O A L P E T W P E Q X D G
V Q H F U P S I Q G Z M I O W J C I G E P L F L F D T
M R U I L Y V X G J Q L A F I M Q J M O F T Z I I Z V J
Y K E N X N W Y Z F T A G K L J A E W T D I R O A H N O
X N W D E W W L T E H T J R D J N B I T Q N N A H Z E L
D A P W M U E V G T E R G G K N K C N H W M I E T G B M
X T F H W T O I M R N F S M V W I X B X N C R X T
C L L E X C W L A Z E Y U Y W S I F S D C J Y X W H
S A Y R F L N W G K R Q W Z L E X N B P Y G B L C N S
S E V E A J T S F Q K G F B T D S B Z O
E D L I K F H G W D I G A S L M V H W M F V O A B M
U U C B Y D E A F Z D I Q S I H U E C E U P U R M H V X
E F Q E I W N T I D I T E V N L L I G J X N Y D E K O A
A A O L W U I X Y K N R K G N T N L Y W I O J D D U A Y
X O M O V D G X R N T J J J E V L U U C B H J X A F H
T K G N M J H T C M O T H H M J Q D K Z F G A P Y Q K Y
P G A G L Z T Y U G W E O N E F O R A L L T U J C V M R
D H S R U Z T S Z G N T U Y J F G D C J T E F A O M O M
```

Puzzle 4

```
M A R Y P A N T E L I D I S N F X L K Z J
L Z T B G V Z E T U V A K A H E U R C G E
K L G E O R G E S C L I N T O N R U O Z G
X G G G Y K W H B H Q U B C F T E M X B Y
L D G O Z C G P N N C R I A U P R R Z G O
K A C B A J J X C B Z F S M H Y X L R X M
W N H I K R X V U R L H I I K P I C I S F
G N P J S D I T W P T U P T H Z G X N D B
T A Z K N O M J V L L W F M H B S E I C D
Y G Y X G T S Y H L H N D A Y X L V O S I
F E B B T N I Z Y Q P N A Y C R L V Y Z M
U R T K A D E J K W K V C H N E G U H F
O B K E R O N Z O F U F I O P O G I O U L
B D N P J N G Q O U I G D H B G B I H C K
X V W N L I S A B I N K L E Y Z Z G K G H
Y V T J D Q X O M L J S I N J G G A B M B
E T L L F M J V M X B A G V E I U Z Z C Q
E W T P L L U C U R L V H C G I C Z D B G
L P J O S E P H R A S O T E H W K I C T F
C X A T D Y R U D O L F B L A H A C E K P
A P A U L H O E N F C D F J X B K M O N A
```

Puzzle 5

```
T K F C M S U G H E Q U W U H P
Y Y J Z P O M G Z K X A G U A F
N S Y I A T H L E T I C L F N C
O C G T A L L H G A R A E V D Q
K A D G R E E N H A I R E Z S U
N R M Y O U N G U W O P F Z O T
R Y U G Z P H Z Q W T Q U V M W
B P V G N O A A H T N A L W E W
A R R A Y A B V G T E B X I Z F
R P Y C H V S S C Y N H Q D R R
Y P V N J U U Z M S M E W K J J
X K C H A R M I N G U R N L M L
Z D I E V O R D Q K C A S U A L
L E G M U F H H P A L E D A M O C
L O N D E K K E U U I U F D Y K
K C V I T G Z E D D A M U G E Z
```

Puzzle 6

```
Q D H C B C S L F E J B F F C P P
V S N Q I E P R S S H O R T T S N
P T I K X P B L U E E Y E S G H C
K F A P U C P R T S S P O R T Y V
L I T Y Q S R I M V Y L V T T C V
Y J H E F L E A H B O V A H M T A
X W L Q B S T A V U U J T I J X Y
E Z E J N Z T W A N N Q T Z C Y O
U S T O C Q Y Z A P G K R E C X S
G Q I S K Z W H I T E H A I R O T
K N C L D J O I I A E V C M H N R
H J O O R E J S X Q X S T Y D E O
H L R H N L T K X I U A I H A Z A
D A F L U J D L S P R O V T C M M
O K T H S T G P P O W H E Y W V F
V K O B E A U T I F U L Z D V I C
U F I T C U Z A D Y V G Q K P H Y
```

Puzzle 7

```
F J B T F V Z K F O X F E C P V J G I A L S
B A P R X D I V E R S I T Y C Y L M P X S J
K M I N C L U S I O N K O C E L G V S G A T
V U C J Q P X G C A H C P W W H R G Z F M I
Z G O U P K U J K D Y X T D M I U H T Q J R
O L M V P R O G R E S S I V E N E S S N F S
K X M M I L A V C F A O J L V F I C N O D M
P R U P C G N I C G F S K A F Q N Z A A K N
A I N M X Z J L O V E O W T A U V P M B K D
X D I H T X D V Q C W J F P M X I W U U O G
H P T B J H W P U I T Z B H I M Z H F J P E
P G Y M Z W M S R S N I Q V L Z N C L P T I
E D S J P Q S S J C S F I O Y W Z W R I I D
P J P D Q W G O S D Z U N I T Y E X S K M N
L F I U A R T C S I D T C Q I C Q W R I L
J A R P Y T U N H O B Q T W W A F P P D S J
Y V I M I N D I V I D U A L I T Y W G Y M U
L Y T W C X Z A L K S C A C C E P T A N C E
X H E L O E V G K X H O S C Z W V X H V B E
Q P J E S X Q O R T A K U G I F Y O B P E U
I K Y I A C N C L J S N C H O W E Y A A Z V
L C K D A R B O S W S U Y Y T I Y B G N A H
```

Puzzle 8

```
J N Q W M K Z N J K W Q S E V S A V I W D O C L E
I Y P V Z I W C K V M S M Y M K C S R Y E I N A S
O B F O A U O R I V N M J F Y R U K U Z M H G S R
P B O P J O M A D D I S O N S R O O M Z O P C S U
N H R D E R M F P S Z A N I S A R O W A L D S C A
K Z B B I D C U V D R C I T Y H A L L W I J E H C
F E I P R A W N G R O U N D S L H W S D T P A O E
K K D R O M X B V X Y S O P R F Y P V N I O B O H
J K D I V Y Q J F H U D I N J D X C R G O J R L Y
M D E M P P I W L R U C Z U H G D U T S N M O B V
C J N K O S A P Y E E O F N O R W C T H S D O U O
H Y F U W C Q O X E U E D K A N C N U P I P K S B
E K O Y E H O Z T J N F M K A I M I P I T E H K G
E D R V R O N R S E N B C G Q B F D G U E V I S L
R P E Y P O L R V S L I J Z P F A H L Q C Z G D L
C K S L L D Z O M B I E T O W N S X J A E H C S
A J T I A H R O Y E C H U W M V I C H A F B S V
M T T Y N A W M Q P R Z X O T P L S H K N C C G I
P M Y O T L H C C W T S H L Q K N V Q Z I E H B G
U O V C Q L Q W R M D K F F S V A X R Y P O S Z
V T H Y O Y P E N U T D D G E W W S I Y G O E X
N J Q C T H Y V D V H S E A B R O O K M E L P Q
D F Z F N Z F J H Z N H N R U E V N Z P Y H X C
M L W N O L K K O V A G I G Q R F K G V B I O N E
T E T Y K Y I U M D Q G G S E S U D L K Z R Y T F A
```

Puzzle 9

```
N L C N D U F N E R S I P J X O Z X F Z F H F I G
E P I C B A T T L E V W J B E B E C D K T T D Z N
B T N H S D R Z F R F O O B I E E Z D U I V C Y O V
N X Q I F V H X J K L N D C I L D U J B T H S M U
S C L C P H N J K B M B I Z N O B R G U E M G B K
T Y D M H I X I A C H K S K D N Z I W P S I N I H
Y Q Z E B S Q V F I R I T H U G M S W F H X O E Z
E N E R G Y S O U R C E A E S I N S C U A Q W U U
V A Q P X B G S A C R R N A T N P T A J R L U M T
Q E B M Z M O Z C N I E T S R G Q Z T Y P V J V H
E S I D Y W G N H V I E M L I O V X D C M R G M
Z B Y A O U X I Q L F K E J A C N X C T L V C U E
V M V C X S Y U M T O V M J L X X T Y G A Y J N O
Q X W U Z N M O N S T R O U S X J E V R W Q W L V
G N F T C I D M S E N W R O T B A K H D P H E W Y
D T O J O L Q T U T R I Y N R W E Q U L P X A O M
G K G K W H O I Q T B L S O E P A Y B I R G X U R
N F B E N P E G D L P D L K N G J B G I V R L A X
T E U G D E A H O E W B A R G E Q J L A K S R H Q
T O O W L T Q T J R A E U I T G B X W G S J N U
Q F Q Q H R C K Z S S A X Y H B M J J X T X J Y X
B R L I V Q Y N G A K S L Q K X T H Y J O N G V
Z G I G O Z J I A Y L T U K I U P U Q Y F T X I Y
I K J X V Q Y T V H S S I L L L Y N A P A X T D S
R J I V S I C S T D G C A C S I T H T B Z B P G N
```

Puzzle 10

```
I M G K P F J X S X R I B U N M R G S N
F X G F U C P Y J X C O U K F N G M Y D
G R E E N C L O T H I N G U P L T W D N
A H X H A K K O E R W I X E E K A N W A
E G S S Z I N T I M I D A T I N G G I T
B A M D I Q Q E M E D I U M B U I L T H
B S M P L U A L D E W M A N Z G C Z R L
L R M L E L B G O F A Y K E D O P V S E
W J L B X H C H E E R F U L M O U W Z T
U H Z D B M O D Y R Y H H D Q D P G I I
Y B K R D P I H Z L N V G I Y L X Q K C
C I L G D H D T F D F Z Y N H O I L A B
D A D F O K A Q W X B S D T V O H A J P
A T F S V S H O R T T O D E A K Y T L V
V P U J J J H H W N V U Y N X I A S O E
P I J A L S P O R T Y D J S U N J J J C
Q P R A A H J Z E I L F E L G N U W B
N W E F Q I S V W B J I W I R M C Z S P
K I V I L R T Y X D O X F I T X L G A X
V Q X I H I T P Z D W P O O T D I N O R
```

Puzzle 11

```
I T J V T I B U A D W D X J J M Z O M B I E
C D V O Q N S N K L Z F Q J M F H D F I F Y
O M N K V U L L H I W E R J R G P D Z K A
N E Q X C P M H H I M B G T M Z D S Z K V M
T L U N Q A X A Z B Q H N J Y B S S V N F P
R E V V N O B C N S M K G K G S Z C X B M F
O C G L O Z F K X S H G E D I B M Q F E C P
L T X U P F W E D E P D P U L S E S S B U A
D R K B H C F D Q B Z M R W L C W Q M M H U
W O H O B R A C E L E T Y V B I S Y K Z M D
B M Y Q F Q L R M S Y W B F J S E B F B D D
A A O U T X X L E M P F G X V R R E B A N A
Q G S Z J C T X L A S B J X X V N U K N V J
G N A C X Q P H O R W V Y C O S R G J D G H
B E P J H S W K Y H R L M J L H S J A X U Q
X T C V D M J D F P I E O F K D I H I O G Z
H I N J V N D V O S C N P Z U A F L K U I
M C W Z B F I X F H T J I S O F Q S B D L F
B D Y T V Q X K U H B M T R C H Z E R N T H
N K V V I H Q D G H A J O Q W V V N E R Z P
D G G H B K F Z X M N U R H W D Z N A D O Z
B P E U H Z D T A D D A P P P Q D Q D K T J F
```

Puzzle 12

```
E S H P I J Q G Z E S Y K N L W P J M R
L W W H X G U I Z E V N T A K T D L S X
L O I L Y T G Y C H L T M B P S S J T I
W K N Y D A I U U A F P C N D E F K V R
K Z A M Y Z B R A I N E A T I N G V O X
H B M U N D E A D Z Z M T X Z L N M K E
D Z K Y L G A C C I D E N T Q R V G H I
M P T F T K N E O M Y I R Q Z T X G S Q
N P A J G W O R D T Y K Y S P K D C N G
I G U Z L Q F E W W O P D Q S D I T X U
K Z E I M G A A B K K S Z U S C A R Y B
X B L L U R M N N L C K M K R A L M Q H
Y Z M N I E U I R X U G U Q A E N L P Z
G I N T E G E D M J I W J T O S T R O N G
U L A C X N B A F S U O A H F A S T C V
E T A U G H K T O C M L T M B A P P O L
R D P U M A W I V O Q O I F J B P D Y W
Q Z N M N W Z A O I X P N O D F T K S A
L I U Z N E D N Z W K J N W C O R P S E
H B D I S C R I M I N A T E D T W D F M
```

Puzzle 13

```
N L H T W C T Y K N K D V T J I W D
A Z I V G B L Y C A N T H R O P E I
X K R F U X I W W P A W B P S H V X
I J I U A T Z W S K J E A G W Z K S
G E B L E O V D P R W Y G P H P Z B
G J O L N E C K L A C E I E I L Y I
S C B M T K D P M T G I L Q U Z S M
J K G O Z R Y E C E S B E K J W B Q
Q S T O O S K P C P J N P A C K R J
W L D N S H A P E S H I F T S L Z Z
U N G T H A M O O N S T O N E O R X
H M S Z T F L W H I T E S T R E A K
K T B E A S T B K G L U V B U E E J
A Z M L E P P J S Z E L U R Q N S S
E T N F Q N H L V Q S R O G Z X M F
S L Q Q I S Z G S N U L E E O H X T
Z P R O J V T Y D G U R G Z R V S R
E E T R A N S F O R M F X L I B R Y
```

Puzzle 14

```
T R H M V C S O X L G X X B P T V L P Q S
O G G R D M N P O O K D B W R X U O K D R
R F R I B E J T M P D H G V O J F P L Z L
T K B G M G N I F T H T M V T J P R Y Z J
R I X H O R P M H R O C R L E U R O L Q N
J N H T W V Y I J G P R W T C V D G O B C
S D Q E J Y L S F B E V M W T D W R B U O
R H I O T E Z T Y L F V U X I O L E E H D
L E Q U B E I I X J U X Z K V T G S D A K
W A C S W U Y C F R L R U Y E L V S I G Q
C R L H C O U R A G E O U S R I E I E Q Q
Y T N I Y I Q W Z L T A I U E P G V N B D
C E R I P C L K O S G N J D S K L E T U T
D D K U M L H M I L D P O S S E S S I V E
K N H A J G M J A M Y V S N K A G U B E M
S L O V I N G Z A Y F I J Z O O K O L I R
F Q Z B D R N P Z V M W X T B V M N T L E
G I S W L N U M V C J U W N C G Z L
T Y G U Y N F P X E Y O M F Q S V E Z E S
I S Z N R G G C N S F Q K L J I I A G H W
O C L W J M M I V U J G A W T E W Y S H Q
```

Puzzle 15

```
H O S P I T A B L E W K T R S S V B
U Q N I H J V Q L O T E J D Z H H Z
G Z I V A C L I N D E P E N D E N T
I B C Z D N L E S Q Z R W M J O D N
A X E T A L E N T E D O B K T J O W
T Z S E C R E T I V E G F K M B E U
Y Z E I H C S P R Z X R R I A I F N
L X L K W K W F Q D E I N Y Q Y Q
H R T P D P H G C A E S E D V G V E
E O G B D C J T X H F S N M J I Z B
H H B E R X H J T P I I D X K K V V
R G A K Y K L D H S A V L S K L H J
Y B G S X T X L R U N E Y J I R Z D
J V A C O B I F E X T L W A A K P O
I T M K H G X M G T M Q H Q I L O K
B U I Z L H L X Y G X X I B E G Z Z
W X L X Z C O P E N M I N D E D C P
Q G K S A B S G F N F Q Y C P I J C
```

Puzzle 16

```
O N E Q V P I S N F Y H F U J U A A J Y X E
T I N T O L E R A N T T T V F X R K R U X A
Y N U J S J I R M S B I P K J F H F W R B F
D H E A D S T R O N G E L D B B H G B J H A
O O B E R N D Z G E G O T I S T I C D B L U
L J Q X D R K D O G E F S A F B D H O W Q Z
P T G B I E M C O N T R O L L I N G M L L S
X P P S I N C T F O S L N U S J Z I S H U
V W E S C E B Z D R S Q A K R D B N L K V
P V R A L G O M E U B U E K H G E E Y U K
D Z F E I H B M C O M P E T I T I V E U P A
N Y E C M B A Y M X S O T F S B I Z R K H T
L J C T I V Q D Z B Y G V H S C P E I G B V
F V T R N I X N G W J Y S G H K R R N V U F
U D I E A W A R R O G A N T L A R O G M H U
H D O V T R I R T G J U Q X D J M B M F V H
Z F N S O M W P J S W V M N I Q H V H N Y Z
J M I D R D M D O J P O N E U Q X S U M T B
A M S G Y D F L I E G O C E N T R I C G Y P
U L T O K I T L F F P C L V S W J U B F J H
K Y I Y R E L I N G V F C W K I W C S
U Z C G N E V L A K W D O I R J E B M Y V H
```

Puzzle 17

```
Q W I J B L B A X I T K W G Y O T T
X T C I N I S U P P O R T I V E W H
J A A I E K V C G G F T Z L Y M U O
E J R A N P H T M M G C I A L I W K
G X I T T O P E N M I N D E D I Z J
N K N T O R G C D L X R Z N Z Y W
Q L G X R I A H B T T U B N C F K
L X K C V R Z S W J M R R C H E T L
X F F P Y E I A I S X Q L L F S G C
Y O X H I H D V L M J F A E N P H R
L G E I F O I V L A R I N V T P X A
D Y Q X J G C Y I R R X H E T W Y K
D G N B D W K L N T O N A R V S N Q
F O M H H E I F G T G K P Q A E X J
B O I U F R I E N D L Y M J R Z B T
V D I R H S L O F V S P C F C E W B
B J F V I X U E L L Z E B H B D K E
R I O Z I N T E L L I G E N T Z R U
```

Puzzle 18

```
A I L L E B I A K B H I N M Z K K K Y
S D H V E S B T U P P T U I R Y B B X
F V W B R O F P O M G W M T V D A P Y
K Y C H E E R F U L V N A H Z Q R H M
T I L L U K X O R W F A L F V W F F M
M S J Y W S L Z N J I O B A P I O L H
X Z L K O U S E G R V N H S U I E D I
O L L O A J O P E N M I N D E D A H J
Q X M Z L R C M B N L M H B U T S R D
E N T H U S I A S T I C Y B L J I P B
O P T I M I S T I C J O V U N E L K
P J V U M I R Q S Y V M X U P V Y T F
N A F F A B L E M J L P R K T M S S B
N F H O S P I T A B L E E J T S C D I
D M R G B M A B I I Z T D U Z G A Y G
D C W M U N D L R U J E F A O T R T R
Q D R K C A P A B L E N A K N E E A L
J R H M F Q A K H A O T C M Z M D H L
O M I T D Z Y P W K H O P E F U L L X
```

Puzzle 19

```
T A L E N T E D W S J X X X A T J Q K
V I Z F I K E S P M B V X I J G O K A
D O G R H O M I H R P H J B K E A P E
V C E I W A R M F K G Y T D D H C B U
T A N E E N W Z Z V Z P J D U J V Y
J K T N A K Z W T S F T G S B N O P C
J S L D A S O C L H B S H B R V O B S
P T E L O R G R C Q B W F K S N Q I U
V L D Y C K I E W K K G A C U K T N D
I Z F C W I Q S Q U I E T F I H I V E
K D P P J Q J E F Q N N U M V Z G E N
F N P D T N U R S N D A P Y O D C N L
F Y Q S U F H V Z G I I F I V E M T I
B S N T O R L E F W N W T C J B I I M
X Q E Z F U U D C U D D L Y L G Q V
H M I A F F E C T I O N A T E R Y E T
B P Z Q Q S Y C A P J Y J O H B G A W
W I A D P R K J B P X T B M L S B N J
Y G G O O Y A F D C Y I V P J Y O E Z
```

Puzzle 20

```
S H H K C Y J X L A H P R R P Y B J F
T A A D I M V U S Q T C L N I O K D K
G P M I Z N P I Z T F P I L U W Y F T
K P R I F E N T H U S I A S T I C R M
F Y O F P Q N Q E N H O P E F U L Z G
A L B R E G Q Y A A W A N Z Q K K L O
T H I F G R U F Z E U I R Z Q L Z V T
A A M N D P Y P A S S I O N A T E S A
W B A Q Q Z Z L A J S N I G U D N Y G
R R G R M N C O F E O C S B J V K M R
F S I O L U W V H E Y O U T H F U L G
X T N B Z Z I Y Y A S W E E T C I K
R A A B U H S N L P H I S K V S B P V
G Q T Y O G W G Q I Y A A Y L A F R R
Y Q I X Y V U B R I G H T Y U A V D Z
C E V A T Q A E W B W H H M L B F S C
J S E R N T J B R V P V O N Q Z S G C
D G N G T S V N E K S E P N A C O M Y
A O C B P I L X X M P G L U G A R C C
```

Puzzle 21

```
T B G N W S W X C Z C Z J O F Z
J M W K K D G L H V B E G F P A
M R P D F O W Y E B C A C G U N
V A A H I T B B E R F S A O Z W
Q D K H D F Z K R I C F R D B M
K Z Y D C P P B Y G D K I T F Y
L V D D A M R L I H X Q N B U V
R V K A R R T O M T J K G R L Q
F W R S E M X Y S A S S Y V P M
M T K F F W N A U K T H X W O R
O I B F U X W L A B K V T L K G
F O F A L Q M A T T E N T I V E
R L V J H X D W B Y W Q K N N
I E Q T L I K E A B L E Y W I T
K I R L X B P B X K D P N O C N
O O B E D I E N T D A Z A Z E B
```

Puzzle 22

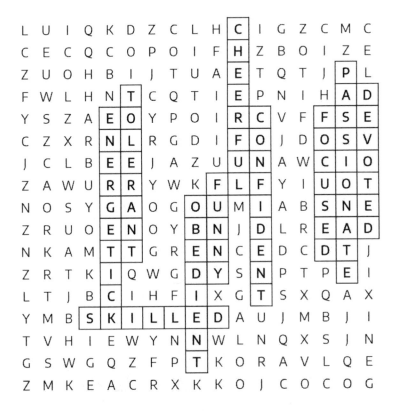

```
L U I Q K D Z C L H C I G Z C M C
C E C Q C O P O I F H Z B O I Z E
Z U O H B I J T U A E T Q T J P L
F W L H N T C Q T I E P N I H A D
Y S Z A E O Y P O I R C V F F S E
C Z X R N L R G D I F O J D O S V
J C L B E E J A Z U U N A W C I O
Z A W U R R Y W K F L F Y I U O T
N O S Y G A O G O U M I A B S N E
Z R U O E N O Y B N J D L R E A D
N K A M T T G R E N C E D C D T J
Z R T K I Q W G D Y S N P T P E I
L T J B C I H F I X G T S X Q A X
Y M B S K I L L E D A U J M B J I
T V H I E W Y N N W L N Q X S J N
G S W G Q Z F P T K O R A V L Q E
Z M K E A C R X K K O J C O C O G
```

Puzzle 23

```
C F Z J H R G Z Z T B L A X N Y H P
M T Y V D X J M C E C A K X P V A I
E Q W H O R X C O I Z I P S X P R Z
Q Y R F D K Z V G M J E N V T J D P
V O D C O M P E T E N T U T Y E W O
I Q V B K I M S J Q Z S F A U N O H
D R Q H K J K K O G V Z H L D Q R U
E D F Y O I C I Y V D Y C N P K K M
D P U M S V Y L F S X X E P Q A I O
I I N P X D O L U A R D E N T Y N R
C S N C B R U F L I A Q T X N K G O
A X Y A C E T U K E N W G O I B U
T K H M W P H L C H M F T Z O Y G S
E L B I A P F Z E Q G F M E A Q P X
D H O B Y E U A M B I T I O U S Q U
L P F A J P L E E U F A E Z I G C E
N C L S Q J M T I O W Z W S E B H Z
M J J S L E D J Q A H T C C D O N G
```

Puzzle 24

```
H X R E R Z V V U L A W W O U L Z K Z S
R L V K C F J M H L L E U J L P Y K F P
V X A N L Q Y X N Z F G U Z A B N D Q G
I R E S P O N S I B L E C A P K K K Y N
V C S I Q P O V Q Z H G D I M O O D W B
V C P P W X B S D H D Y R T V P X G Q A
Y O A B I N G V L Y D N A C A Z G N R Y
N M C O M Z T H O U G H T F U L Q S V U
G P Q O C A R I N G R V I E T J E O L J
Y A H I M M F F Y E M S O L X S J Z E S
N S L I B O E T Z M Y V N S P D M D H R
E S V K P W K S O N S R A B F Z P Q L D
X I B P A K O E K K T R L L O V I N G W
B O T C H V E C P S E N S I B L E Y K Z
G N U G H K H R I K R W Z E L G V K F F
X A G K L Y I E U Y I P H D P I C Q B B
H T A T H H Y T S Q O C Q P Y D P X U T
E H G H S V F I R P U J W L R M U Z D B
Z T P V L A J V P R S B O N V M O D B T
D K O C L E Q E C A U T I O U S J P S A
```

Puzzle 25

```
P N Z F O M Z R G G Y T R Q V M N
L D Z Q J Y M T X A V X O J K P U
S C I G Q S T R O N G L V N Q E Y
D K R U H D T T C Q A V F R Z X O
O Y A X C O W J W N N A S V T T V
B M Z U V U J A G K L O Y A L R P
G U P B H M E T E H R S X T N E X
P A S S I O N A T E N C A T S M X
D T L I J S J K D T J L Q A B E C
X E J R R G K Y M U Z U D L J X V
D E R O S D R E B Y O I M E H L V
Q G A G Y K S E R I O U S N L O U
Z T S P R O T E C T I V E T B Q F
J L M D A J Z F Z V I O L E N T B
X O Y U V P G I L B H T A D E V C
Q Q J C O N F I D E N T F I B O I
D E V O T E D T D K Z S E Y Z Y V
```

Puzzle 26

```
V C N F U C W I V S T B W J Z C
G H J I R B Q E A O F M F Z M I
B V E W L S O W I U Y Y S I K A
H S N L L E W R S L X E Z R E P
L M E C I R G R R F P X Z P F V
O E R A B I N D F U L A C N P S
V A G R W O X I A L Z U U J Z E
I N E I F U B V P R W N N E I W
N Q T N H S D V Z K D C A M Q J
G O I G E Y Z G P R O U D O R P
H A C O T V O D J G A B N T Q N
K H E H W K E N H T K I O I W C
D C A T R D Y R I U I P G O M F
R U T H L E S S J F N X Q N H O
Z S N L P X L K Y M D D T A T U
E W S P R E Y L O B O X W L M C
```

Puzzle 27

```
P R O G R E S S I V E I P M R K G F K M E
J V L S Y X M C L K I O T G P C L T A O G
A J F J Y A Z A G V X P E M R M B Q A J N
Y Q L N T N V P E M A T C C O E R F A T L
I T F U O K R A P J H P I O U G K F B W Q
R Z A R N R B B B W Q H B X D O N F F J U
E Y K S W E I L Q R L O V I N G T R V D W
B S W I N X I E O C U S K Y G I D V L I Y
A F Z A G E G B D A O W U D W B T O Y Q E
W S E Q I Z L D Y R C E D G L V T K V O V
P C M U C R I B E I G O J K F H E R I O W
H O P D R X I V A N F V H T D F J I U F W
U M O K A R W N W G O O U V G F H L D M Q
E P K B F U A X V U R L M P U G K B C J V
G E I I T B M P U Q X C O H X Z R H T V R
N T N L Y V Q C Q X V N R O J B H F I N E
Y E D N Q X F A M I L Y O R I E N T E D N
B N Y D N B J B O U P M U D P G F N S L B
G T E Q P G I A B C H Q S P J G J W Q M P
S F I D O J J N W W Q I T S G A Q X G D H
T Y I B O C E C S T Y B M Z H N Q K R F Z
```

Puzzle 28

```
Y Z A L E R T A U W W P A V X B M M M Z P B
F R B O W E Z R C O Z R K B P V Q S O P L U
Q Q Q G U L R L P V M O Z G N P S R C V T I
E C P D Q P C M C J G T D S Q U T Y L R T U
D Z K K B F M T P P G E E T Z H R G Z L V J
J Q M X Y P S Y G D Z C T O S V I G J M T Z
A S I W P R I I M G C T E I I H C V A P L O
S D U E I W I U M D M I C B Q T T W Z A L M
E C H L P C Q K E A K O T U V S G B R K M B
C A D K V C Q T V W T N I H S W G Q F J C I
U G L I V R H B C B E R O P P E R C P A J E
R T K D D V C A E N C F N Z W A T D F V C D
I L W N B T T S L E R O H P N A E R Y V E E
T Q W A J E I G S Y U C O N T A I N M E N T
Y O N B C D E T A I N M E N T G A N L L T E
L N W P A S D D V M P I M U O U V R I X N R
U H D J K A D S I Q N M U U K I H Y P J D R
M X K P E A C E K E E P I N G X B V O E M E
W K F H D P D K C T R B I M U K K N R J N
D V R H P B Z Z D C L U Y K E Q T E A M E X T
Z E C F E Y L I P W Y L E D V X J E N B T I
B I M I X G N Z J J M D R Q U A R R H S F B
```

Puzzle 29

```
M B C H A R X N Y C O K E H X I H J S S Q M A B
Q H Q M U Q I C D V G Q E L A D E T A P T S V L
G W Q J Q G W Y N T E R B A R K O W I T Z E K Z
S I D S R R Z E D N E C R O D O P O L I S H L L
V L U S G C N L L D C J N B Z D T I X J J C C H
E L M N Q G E L I Z A Z A M B I P F G F K J U T
S A E K C B D R I Z Y W V V R F S J T I O U K
H L M F Q H E T O X F V V Q S U O J C H O Y O H
R Y E P W F V I W Z Q J Y I Z Q W G T M Y M M D
K K T F F H L F F N I B Q G K I A Y K H G Z L W
X E N H J O G K N V G Y I J N E G O B U O B
S N W U N J N B N D P T K V J U D L Q E G Q J P
J S Q C G O U X E F K D M Y V C A I Z M D Q C T
N E Y O A P E Z K E A G Z K F Q J G J R E V W N
J N C H G T C X X A S E N S I U O V U G O W A E
A J T H W Q N L B H R L S A W W W T M F Z P R Q
T V L C Y U G M F F Q I L A T P H S P A I V D Y
A Z E V O N N E C R O D O P O L I S W D F Q F E
V Z O E Y N E C R O D O P O L I S L M T W R A B
N Y Z B K N W Y A T T L Y K E N S E N D V C D L
D U M W A O O J D S L P W R I O L D V T V Z W U
U G U Y R A N I O M Q P B O N Z O M W F T Y T Z
Y D U C X E R D O Z L Z J V I R W X G N L R I Y
M G I W N J U R N S W P F U K A J P H H N O B Q
```

Puzzle 30

```
T C M K K U T N H J C J D L L R J N O M
F Y S L W I A Y R T G U A P H V Q R K G
H K C A B R E E S V G P L J O Y H V E Q
T J J C Z I C J M H S V E A M R S L E E
J T V E D B Z F O O Y E J C F F M I B P
T H O Y V A O L Z F W K K E K N I U U K
S C F Z T Y M P S A Q G Q Y B K S E C L
I Z B I K R N K D V Z Z H G W S O K C
V E O V Q Y U P N D W L O L G C T X L B Q
L N J N B O P P N I L O L G C T X L B Q
M H C O A C H S T S D P G N F A Z L U S
H N V V V K R R I O D X J A W N I S C G
S T V D Z G N A C N L M I O J D D R H G
L F A U U D Z E H W J L O U H T U Y A O
G S Q J V S T A C E Y P Y T W T W T N N
X I V H W K W G R L M F U S K U E W A O
R Z X G H S S L Z Y Z X Z W H A N M
K H X G K D B X K S X Z G J X M R Y U
W K S O A T Y K Q U M F S F D E D D C A
C Y M F O Q D P M I C R C P B G O I X Q
```

Missing Vowels Puzzles

Puzzle 1

1. Teenager

2. Fictional

3. Milo Manheim

4. Mutated

5. Monster

6. Protagonist

7. Boyfriend

8. Son

9. Brother

10. Zombie

11. Football star

Puzzle 2

1. Great Alpha

2. Von Cheerstick

3. Cheery McCheerstein

4. Teenage girl

5. Girlfriend

6. Human

7. Captain

8. Daughter

9. Secondary protagonist

10. Female

11. Cheerleader

12. Cheer Boots

Puzzle 3

1. Human
2. Cousin
3. Trevor Tordjman
4. Past antagonist
5. Supporting character
6. Jerk
7. Perfectionist
8. Male
9. Teenage boy
10. Coach

Puzzle 4

1. Computer master
2. Zombie
3. Kylee Russell
4. Hacker
5. Monster
6. Deuteragonist
7. Female
8. Student
9. Youngster
10. Best friend

Puzzle 5

1. Cheerleader
2. Carla Jeffery
3. Student
4. Minor character
5. Human
6. Shorty
7. Female
8. Fictional
9. Best friend
10. Girl

Puzzle 6

1. Zombie
2. Friend
3. Boy
4. Fictional
5. Character
6. Mutated
7. James Godfrey
8. Native language
9. Male
10. Student

Puzzle 7

1. Little sister
2. Zombie
3. Kingston Foster
4. Youngest character
5. Supporting character
6. Dog lover
7. ZoZo
8. Zander
9. Girl
10. Female
11. Kid

Puzzle 8

1. Mighty Shrimp
2. Human
3. Student
4. ACEYS
5. Emilia McCarthy
6. Cheerleader
7. Teenager
8. Girl
9. Jenny
10. Female

Puzzle 9

1. ACEYS
2. Assistant captain
3. Jasmine Rene Thomas
4. Cheerleader
5. Mighty Shrimp
6. Female
7. Student
8. Closet follower
9. Girl
10. Human

Puzzle 10

1. Student
2. Jacey
3. Noah Zulfikar
4. Boy
5. Male
6. Kevin
7. Cheerleader
8. Human
9. Mighty Shrimp
10. Teenager

Puzzle 11

1. Wolf pack
2. Fictional
3. Pearce Joza
4. Brother
5. Forbidden Forest
6. Wywy
7. Love interest
8. Monster
9. Werewolf
10. Actor

Puzzle 12

1. Alpha
2. Teenager
3. Werewolf
4. Female
5. Chandler Kinney
6. Student
7. Misunderstood
8. Older sister
9. Girl
10. Pack leader

Puzzle 13

1. Monster
2. Ariel Martin
3. Beast
4. Female
5. New character
6. Minor role
7. Werewolf
8. Girl
9. Youngest
10. Packmate

Puzzle 14

1. Married
2. Naomi Snieckus
3. Principal
4. Woman
5. Supporting character
6. Female
7. Minor role
8. Seabrook High
9. Human
10. Middle-aged

Puzzle 15

1. Middle-aged
2. Infected
3. Father
4. Caucasian
5. Monster
6. Man
7. Male
8. Mutated
9. Supporting character
10. Zombie

Word Scrambles Puzzles

Puzzle 1

1. nlgengihacl = challenging
2. utec = cute
3. rbdlaaeo = adorable
4. patioebmcl = compatible
5. eolfuph = hopeful
6. nsergeivd = deserving
7. loimycsb = symbolic
8. ltfdfciui = difficult
9. locrtsnoivrae = controversial
10. utranilsice = unrealistic

Puzzle 2

1. snaftya = fantasy
2. ricomtna = romantic
3. onirailg = original
4. arecnAim = American
5. elquse = sequel
6. malusci = musical
7. imlf = film
8. nuocataiedl = educational
9. lonicafit = fictional
10. iyalfm-fyilnrde = family-friendly

Puzzle 3

1. zkmnioiebd =   zombiekind
2. rawpn =   prawn
3. artkc =   track
4. glod =   gold
5. ropew lptan =   power plant
6. rstigns =   strings
7. relus =   rules
8. ednac =   dance
9. mdlo =   mold
10. eirs =   rise
11. leif =   life
12. sdieni =   inside
13. sgoserrp =   progress
14. neecs =   scene
15. elrtets =   letters

Puzzle 4

1. ssahdow = shadows

2. ycaelg = legacy

3. sihgt = sight

4. cnste = scent

5. alevi = alive

6. oemfedr = freedom

7. ahsle = leash

8. aepc = pace

9. tspofroo = rooftops

10. aeptipte = appetite

11. iomotglnh = moonlight

12. aleasitnib = insatiable

13. asech = chase

14. eibicnilnv = invincible

15. utsrt = trust

Puzzle 5

1. noewtkr	=	network
2. stug	=	guts
3. ealuanvibl	=	invaluable
4. ilggnorw	=	growling
5. rietpyhco	=	hypocrite
6. mkuepa	=	makeup
7. buts	=	bust
8. oubtd	=	doubt
9. okerowhm	=	homework
10. ohingwl	=	howling
11. asenni	=	insane
12. lwsca	=	claws
13. nraeucim	=	manicure
14. aspiarde	=	paradise
15. fgnsa	=	fangs

Puzzle 6

1. ovcre = cover
2. hrut = hurt
3. wores = worse
4. dmin = mind
5. eparpa = appear
6. eesurrps = pressure
7. vcgieiedn = deceiving
8. tuessolam = soulmates
9. aflws = flaws
10. kisemsta = mistakes
11. ohem = home
12. neustddarn = understand

Puzzle 7

1. diletacnyil	=	identically
2. nrutpietr	=	interrupt
3. quenui	=	unique
4. fimyal	=	family
5. tmryyes	=	mystery
6. oysthir	=	history
7. ystra	=	stray
8. egrnye	=	energy
9. vlei	=	veil
10. ysrmctieh	=	chemistry
11. ynitu	=	unity
12. uctnmyoim	=	community
13. htyrmh	=	rhythm
14. phpyroec	=	prophecy
15. edtynis	=	destiny

Puzzle 8

1. gnrndoreuud	=		underground
2. tttuidae	=		attitude
3. isonsim	=		mission
4. oge	=		ego
5. roivuistoc	=		victorious
6. ierepsdnt	=		president
7. nmicmolpet	=		compliment
8. gftohltuuh	=		thoughtful
9. kpre	=		perk
10. uelaq	=		equal
11. sraoumglo	=		glamorous
12. tishpreo	=		trophies
13. rtnoiaidt	=		tradition
14. ervyitsdi	=		diversity
15. badeet	=		debate

Puzzle 9

1. iontretutsi	=	restitution
2. ceoiindtr	=	direction
3. teapniraos	=	separation
4. ellodci	=	collide
5. azrcy	=	crazy
6. irlesv	=	silver
7. ntesaddr	=	stranded
8. aerlniatcdo	=	declaration
9. epishwr	=	whisper
10. eitodnmlio	=	demolition
11. itohnstiea	=	hesitation
12. eioratgnne	=	generation
13. toeurvlnoi	=	revolution
14. rogdun	=	ground
15. ironftlece	=	reflection

Puzzle 10

1. aeasdrpi = paradise
2. gneielf = feeling
3. peerftc = perfect
4. dyhgtial = daylight
5. renaxrioatryd = extraordinary
6. rekadr dsei = darker side
7. alugh = laugh
8. niyrador = ordinary
9. odrba = broad
10. eids = side

Puzzle 11

1. veaitrp   =   private

2. eqiedurr   =   required

3. wnomlkoa   =   moonwalk

4. eecdxti   =   excited

5. idddvie   =   divided

6. brsiwadtn   =   wristband

7. atrss   =   stars

8. groetthe   =   together

9. migac   =   magic

10. ftfediner   =   different

11. tcauiomat   =   automatic

12. uidnet   =   united

13. wdan   =   dawn

14. dhpey   =   hyped

15. ivintde   =   invited

Puzzle 12

1. mtsar	=		smart
2. energ ahir	=		green hair
3. elap	=		pale
4. tgihrb	=		bright
5. ichc	=		chic
6. ipdsteir	=		spirited
7. rbodelaa	=		adorable
8. onrwb seey	=		brown eyes
9. fuloytuh	=		youthful
10. mafelroocbt	=		comfortable

Puzzle 13

1. rndeiylf	=	friendly
2. bklca hiar	=	black hair
3. utec	=	cute
4. cybubh	=	chubby
5. brnow esye	=	brown eyes
6. sohtr	=	short
7. porparetapi	=	appropriate
8. reynd	=	nerdy
9. bkalc niks	=	black skin
10. ggnlwio	=	glowing

Puzzle 14

1. gnacemni   =   menacing

2. myelis   =   smiley

3. uascal   =   casual

4. eniwotgr   =   towering

5. hpi hpo   =   hip hop

6. nrege hria   =   green hair

7. gib   =   big

8. godo-knlgoio   =   good-looking

9. altl   =   tall

10. ornwb yese   =   brown eyes

Puzzle 15

1. twihe stkraes   =   white streaks

2. wbrno eeys   =   brown eyes

3. diwl   =   wild

4. oceixt   =   exotic

5. iammondgnc   =   commanding

6. aottdtoe   =   tattooed

7. ratcvaetit   =   attractive

8. nofectidn   =   confident

9. iyrsemutos   =   mysterious

10. isrseou   =   serious

Trivia Questions

1.A	16. B	31. C	46. C
2.A	17. A	32. B	47. A
3.D	18. C	33. A	48. D
4.B	19. C	34. C	49. B
5.B	20. B	35. C	50. B
6.A	21. C	36. A	
7.B	22. A	37. B	
8.B	23. C	38. C	
9.D	24. B	39. D	
10. C	25. C	40. C	
11. D	26. A	41. A	
12. C	27. C	42. D	
13. C	28. C	43. D	
14. A	29. A	44. C	
15. A	30. A	45. A	

Made in the USA
Columbia, SC
12 December 2022

73586766R00063